Jörg Scheller
(Un)Check Your Privilege

Jörg Scheller

(Un)Check Your Privilege

Wie die Debatte um Privilegien Gerechtigkeit verhindert

HIRZEL

Bibliografische Information der Deutschen Nationalbibliothek
Die Deutsche Nationalbibliothek verzeichnet diese Publikation in der Deutschen Nationalbibliografie; detaillierte bibliografische Daten sind im Internet unter https://portal.dnb.de abrufbar.

Jede Verwertung des Werkes außerhalb der Grenzen des Urheberrechtsgesetzes ist unzulässig und strafbar. Dies gilt insbesondere für Übersetzungen, Nachdruck, Mikroverfilmung oder vergleichbare Verfahren sowie für die Speicherung in Datenverarbeitungsanlagen.

1. Auflage 2022
ISBN 978-3-7776-3028-1 (Print)
ISBN 978-3-7776-3263-6 (E-Book, epub)

© 2022 S. Hirzel Verlag GmbH
Birkenwaldstraße 44, 70191 Stuttgart
Printed in Germany

Lektorat: Thomas Steinhoff, Frankfurt a.M.
Umschlaggestaltung: semper smile, München
Umschlagmotiv: © shutterstock/iconikum
Satz: Satzpunkt Ursula Ewert GmbH, Bayreuth
Druck und Bindung: CPI Books GmbH, Leck

www.hirzel.de

»*Niemand kann einen Menschen ändern, aber jemand kann ein Grund für diesen Menschen sein, sich zu ändern.*«
SpongeBob Schwammkopf

»*That goddamn typo. It's priviledge, kids, PRIVILEDGE!*«
John Kimble

»*Gesamtes Umfeld beachten!*«
VW-Navigationsassistent

Inhalt

Prolog.
Es ist ein Privileg 9

Einleitung.
Als ob es tausend Privilegien gäbe 11

Worte und Waffen.
Privilegien in Massenmedien 22

Die Pauschalisierungsfalle.
Privilegien und Rassenkonstrukte in akademischer Literatur 29

»Nennt mich niemals einen Selfmademan.«
Privilegien und Individualismus 48

Jewish Privilege?
Der essenzialistische Fehlschluss 61

Die Utopie der Allverantwortlichkeit.
Privilegien, Flucht und Migration 71

»Don't Call Me White«.
Parallelgesellschaften, Punk und Hardcore 87

Ein Begriff, der greift.
Privilegien als Vor- und Sonderrechte 100

(Un-)Verdiente Vorteile?
Was Privilegientheorien privilegieren 112

Conclusio.
Double-check Your Privilege Theory! 135

Der Autor 139

Quellen 140

Prolog.
Es ist ein Privileg

Es ist ein Privileg, immer noch Möglichkeiten zu haben. Es ist ein Privileg, mit Tieren aufzuwachsen. Es ist ein Privileg, in Wien zu leben. Es ist ein Privileg, ein Landei zu sein. Es ist ein Privileg, Zwillingsmama zu sein. Es ist ein Privileg, mit zwei Kulturen aufzuwachsen. Es ist ein Privileg, glauben zu können. Es ist ein Privileg zu entscheiden, was auf Bühnen stattfindet. Es ist ein Privileg, wenn man in die deutsche Bundesliga kommt. Es ist ein Privileg, Bayer zu sein. Es ist ein Privileg zu sehen, was Gott tut. Es ist ein Privileg, nicht hingucken zu müssen. Es ist ein Privileg, in Frieden aufzuwachsen. Es ist ein Privileg, sich zu engagieren. Es ist ein Privileg, für Christus leiden zu dürfen. Es ist ein Privileg, gerade jetzt zu leben. Es ist ein Privileg, eine Wahl zu haben. Es ist ein Privileg, wählen zu dürfen. Es ist ein Privileg, 100 Jahre alt zu werden. Es ist ein Privileg, schwanger zu werden. Es ist ein Privileg, nicht von jeglicher Form von Diskriminierung betroffen zu sein. Es ist ein Privileg, diesen Artikel schreiben zu können. Es ist ein Privileg, glauben zu können. Es ist ein Privileg, hier mitten in der Stadt arbeiten zu dürfen. Es ist ein Privileg, vom Schreiben leben zu können. Es ist ein Privileg, für den Papst zu singen. Es ist ein Privileg, helfen zu können. Es ist ein Privileg, Ronaldo zu haben. Es ist ein Privileg, noch einmal zu studieren. Es ist ein Privileg, den Adler auf der Brust zu tragen. Es ist ein Privileg, einen Garten zu haben. Es ist ein Privileg, über Rassismus zu lernen. Es ist ein Privileg, heterosexuell zu sein. Es ist ein Privileg, in Südtirol zu leben. Es ist ein Privileg, seiner Stadt dienen zu können. Es ist ein Privileg zu sehen, was Gott tut. Es ist ein Privileg, mit Kindern zu arbeiten. Es ist ein Privileg, das älteste und erfolgreichste Klassiklabel zu leiten. Es ist ein Privileg, so viel Einblick zu bekommen. Es ist ein Privileg, nicht zu wählen. Es ist ein Privileg, Künstlerin zu sein. Es ist ein Privileg, ich zu sein. Es ist ein Privileg, dieses Tor geschossen zu haben. Es ist ein Privileg, in China zu sein. Es ist ein Privileg, Rassismus diskutieren zu können, anstatt ihn sein ganzes Leben lang zu erleben. Es ist ein Privileg, in einem so sicheren Land zu leben. Es ist ein Privileg, bei der Geburt eines Menschen dabei zu sein. Es ist ein Privileg, so viel mitzukriegen. Es ist ein Privileg, Kultur zu erhalten. Es ist ein Privileg, in der Schweiz alt zu werden. Es ist ein Privileg des Sehsinns und eine wesentliche Voraussetzung visueller Erkenntnis, Ähnlichkeiten zu entdecken. Es ist ein Privileg, den Kindern etwas fürs Leben mitzugeben. Es ist ein Privileg, ein Unternehmen führen zu dürfen. Es ist ein Privileg, Sponsoren zu haben. Es ist ein Privileg, weiß zu sein.

Einleitung.
Als ob es tausend Privilegien gäbe ...

Die mit einer einfachen Google-Suche erstellte »Es ist ein Privileg«-Liste des Prologs ließe sich noch lange fortsetzen. Sie zeigt nur einen winzigen Ausschnitt aus der Vielfalt der gegenwärtigen Wortverwendung. Ob in Talkshows oder in Texten zur Kunst, in Ansprachen von Politikern oder Petitionen von Aktivisten – die Rede von »Privilegien« hat Konjunktur. Viele aktuelle politische Debatten und intensiv diskutierte Publikationen drehen sich um Privilegien, darunter Mary Adkins Roman »Das Privileg« (über sexualisierte Gewalt), Robin DiAngelos »Wir müssen über Rassismus sprechen: Was es bedeutet, in unserer Gesellschaft weiß zu sein«, Mohamed Amjahids »Der weiße Fleck: Eine Anleitung zu antirassistischem Denken«, Sabine Beppler-Spahls »Schwarzes Leben, weiße Privilegien? Zur Kritik an Black Lives Matter«, Layla Saads »Me and White Supremacy: How to Recognise Your Privilege, Combat Racism and Change the World« sowie zahlreiche weitere Sach- und Fachbücher über Rassismus, Klassismus, Diskriminierung, Scham, kulturelle Aneignung, Identität, Migration. Privilegien sind damit Gegenstand der Auseinandersetzung mit Themen, die zu starken emotionalen Reaktionen führen. Naheliegend ist es, darin ein Zeichen eines gewachsenen Bewusstseins für soziale Ungleichheit zu erkennen – ein Bewusstsein, das sich nicht mehr nur aus progressiven Minderheiten und Subkulturen speist, sondern das seinen Marsch durch die Institutionen absolviert hat, in den Teppichetagen angekommen ist und auf mal integre, mal opportunistische Weise in Organisationen und Institutionen in Wert gesetzt wird.

In einer Zeit, die sich durch Sensibilität für angemessene und präzise Sprache auszuzeichnen bemüht ist, überrascht die Unschärfe, ja die willkürliche Verwendung des Begriffs. »Privileg« kann, ob am Twitter-Stammtisch, in Zeitungskommentaren oder an der Universität, je nach Absicht und weltanschaulicher Einstellung alles Mögliche bezeichnen – von Zufällen und Glück über selbst erarbeiteten Wohlstand oder rechtliche Bevorteilung für bestimmte Gruppen bis hin zu Nachteilen infolge historisch gewachsener sozialer Verhältnisse wie auch einmaliger Ereignisse. Und wie in einer Matroschkapuppe scheint in jedem Privileg wiederum ein Privileg zu stecken, in dem ein Privileg steckt, in dem ein ... Es ist, als ob es tausend Privilegien gäbe und hinter tausend Privilegien keine Welt.

Mit der Entgrenzung des Begriffs werden Sonderrechte und Vorrechte wie auch Rechte und Grundrechte als »Privilegien« bezeichnet. Gesetze, symbolisches Kapital, Eigentum, Gesundheit, Liebe – Privilegien sind wie der Igel aus dem Grimm'schen Märchen immer schon da, wenn der Hase eintrifft. Wenn aber immer schon klar ist, was bei einer Diagnose herauskommt, eben »Privilegien«, ist die Diagnose redundant. Wer frei nach Abraham Maslow nur über einen Hammer namens »Privilegienkritik« verfügt, sieht in jedem Problem einen Nagel namens »Privileg«. Und wenn obendrein der Hammerkopf eine Kombination aus Plastikschwamm und Stachelkeule ist, kann man sich vorstellen, wie erfolgreich die Bauarbeiten verlaufen. Dabei geht es auch anders. Sogar die Unterhaltungsindustrie ist mitunter weiter als der aktuelle, aus soziologischer, kulturwissenschaftlicher und aktivistischer Literatur gespeiste Gebrauch des entgrenzten Begriffs »Privileg«. Die Netflix-Serie »Snowpiercer« etwa unterscheidet zwischen Rechten und Privilegien. Sie handelt von den letzten Überlebenden der Menschheit, die sich beim Anbruch einer Eiszeit in einen futuristischen Zug retten konnten. Der Snowpiercer kreist als in sich geschlossenes, hypertechnisches Ökosystem über die vereiste Erde. Die Passagiere leben in einer rigiden Vierklassengesellschaft, soziale Mobilität ist nahezu unmöglich. Eine kleine Elite reguliert das Leben aller, bis hin zur Fortpflanzung. In einer Szene sagt die Herrscherin über den Snowpiercer, Melanie Cavill, zu einer schwangeren Frau der dritten Klasse: »Ich habe gehört, Sie sind schwanger. Herzlichen Glückwunsch. Das ist eine wunderbare Neuigkeit. Sie wissen ja, dass es ein Privileg ist, auf dem Snowpiercer ein Kind zu bekommen. Es ist kein Recht. Und Privilegien können einem genauso leicht entzogen wie verliehen werden ...«[1] Im vorliegenden Buch werde ich immer wieder auf die Differenz zwischen Rechten und Privilegien, also »Vorrechten«, zu sprechen kommen – und darauf, warum sie gewahrt werden sollte.

Im Englischen kann »Privilege« je nach Zusammenhang eine negative, positive oder unverfängliche Nebenbedeutung haben; oft wird es locker im Sinne von »Ehre« gebraucht: »It was a privilege and a pleasure, thank you!« Abgesehen von Fachterminologien etwa der Jurisprudenz oder der Geschichtswissenschaften ist der Begriff im Deutschen gewöhnlich – und sei es auf subtile Weise – negativ konnotiert, erinnert er doch an die noch gar nicht so lange zurückliegenden Zeiten von Adelsherrschaft und Ständeordnung. So heißt es im »Historischen Lexikon der Schweiz«: »Privilegien sind eine typische Rechtsquelle einer Zeit, die keine allgemeine rechtliche Gleichheit und Freiheit kennt.«[2] Der moderne Sprachgebrauch sei entsprechend negativ besetzt. Das gilt vor allem dort, wo nicht nur Gerechtigkeit, sondern mehr noch Gleichheit angestrebt wird, etwa in sozialistischen und kommunistischen Staaten. Wenig überraschend beschloss der sowjetische Rat der Volkskommissare 1917 in der »Deklaration der Rechte der Völker Rußlands« »die Aufhebung aller und jeglicher nationaler und nationalreligiöser Privilegien und Einschränkungen«.[3] Privilegien waren für die Sowjets Relikte der Vormoderne. Zumindest auf dem Papier. Auch im heutigen Frankreich wird der Begriff »Privileg« »meistens mit dem *Ancien Régime* in Verbindung gebracht«.[4] Vor diesem Hintergrund schlussfolgerte der Journalist Simon Sales Prado im Jahr 2020: »Privilegien sind ungerecht. Sie sollten in modernen Staaten gar nicht erst existieren.«[5]

Die wertenden Nebenbedeutungen »ungerecht« und »unverdient« verbreiten sich derweil auch im Englischen, vor allem im Kontext der erwähnten Debatten. Die »Columbia Journalism Review« analysierte im Jahr 2018 diesen Wandel und bestätigte die negative Nebenbedeutung in heutigen Verwendungsweisen, darunter solche, die im Hochschulmilieu geprägt wurden.[6] In Antirassismusschulungen, wie sie etwa von der Anti-Defamation League angeboten werden, wird »Privilege« unmissverständlich als »unverdienter Vorteil« einer »dominanten Gruppe« definiert. Auch »dominant« ist negativ konnotiert.[7]

Länderübergreifend fällt die Verschiebung von der juristischen zur soziologischen und kulturwissenschaftlichen Dimension auf. Wer etwa »Beispiele für Privilegien« googelt, wird zuvorderst auf Texte zu Gender und Hautfarbe statt auf Texte zu Stimmrecht oder Gemeindegesetzen stoßen. Um diese Verschiebungen, diese Kontexte, diese Nebenbedeutungen des Begriffs »Privileg« bei gleichzeitiger Entgrenzung und Willkür im Gebrauch, wie ich sie im Prolog demonstriert habe, geht es in diesem Buch.

Man erkennt die negative Nebenbedeutung allein schon daran, dass in vielen Texten über Privilegien oft vorauseilend betont wird, Privilegien zu besitzen sei nichts Schlechtes, man müsse sich nicht dafür schämen, keinesfalls sei es eine Beleidigung, auf Privilegien hingewiesen zu werden.[8] Diese »Denken Sie nicht an einen Elefanten!«-Hinweise führen dazu, dass ein Elefant namens Schlechtigkeit und Scham im Raum steht. Wer bei einem Date in den ersten Minuten versichert, Liebe sei nichts Schlechtes, man müsse sich nicht dafür schämen, das sei etwas ganz Normales, wird sein Gegenüber zu Recht misstrauisch machen. Allen gegenteiligen Bekundungen zum Trotz gilt: Wer angeblich über »Privilegien« verfügt, dem haftet etwas Anrüchiges an. Er ist kein vollwertiges Mitglied der Familie der Gegenwart, die sich Gleichberechtigung oder Gleichheit auf die Fahnen schreibt.

Selbst wenn beteuert wird, der Privilegienbegriff werde im wertneutralen Sinne gebraucht, weckt »Privileg« doch stärker als sinnverwandte Begriffe wie »Vorteil« oder »Bevorzugung« Assoziationen an die mittelalterliche Ständeordnung und an starre Hierarchien – sicher nicht an Demokratie, Chancengerechtigkeit, soziale Mobilität. Immerhin bedeutete »Privileg« ursprünglich Vorrecht oder Sonderrecht (siehe Kapitel 9). Auch der tendenziell passivische Charakter der Privilegierung ist vielsagend. Man privilegiert sich nicht selbst. Man *wird* privilegiert oder man *ist* privilegiert, weil man von anderen privilegiert *wurde*. Es ist bemerkenswert, dass das 1949 beschlossene Grundgesetz für die Bundesrepublik Deutschland ohne eine einzige Erwähnung des Wortes »Privileg« auskommt. Der Fingerzeig ist klar: Die neue Republik soll sich auf Rechte und Grundrechte, nicht auf Sonderrechte und Vorrechte konzentrieren. Nicht »privilegiert« zu werden, sondern die Möglichkeit, die eigene Lebenssituation und die der anderen zu gestalten, steht im Vordergrund. Entsprechend heißt es im Gesetz: »Eigentum verpflichtet.« Und nicht: »Eigentum ist ein Privileg.« Erstere Formulierung hat appellativen Charakter – wenn es dir gut geht, dann lasse andere daran teilhaben, übernimm Verantwortung! –, letztere beschämt eher: Sieh dich nur an, du hast es besser als andere! In der US-amerikanischen Verfassung hingegen ist mehrfach die Rede von Privilegien. Die offizielle deutsche Übersetzung nennt sie korrekt »Vorrechte«. Dass sich ausgerechnet eine der ältesten Demokratien des Privilegienbegriffs bedient, entbehrt nicht einer gewissen Ironie.

Überall dort, wo Begriffe für partikulare Interessen oder entlang weltanschaulicher Grenzen überstrapaziert werden, anstatt einem geteilten Weltverständnis zu dienen und durch Klarheit in der Kommunikation zu einer gerechten Verständigung beizutragen, ist kritische Differenzierung angebracht. Denn wo Willkür ist, liegt die Verlockung des Missbrauchs nicht fern. Und damit Ungerechtigkeit. Begriffe sollen greifen. Es ist nicht angebracht, »Schießerei« zu sagen, wenn es um einen Terroranschlag geht. Es ist nicht angebracht, »Familiendrama« zu sagen, wenn es um einen Femizid geht. Es ist nicht angebracht, »Asyltourismus« zu sagen, wenn Menschen aufgrund von Notlagen ihre Heimat verlassen. Es ist nicht angebracht, »Hass und Hetze!« zu rufen, wenn man kritisiert wird und kein gutes Gegenargument hat. Auf ähnliche Weise kann es unangebracht sein, »Privilegien« zu sagen, wenn damit ein verzerrender kognitiver Bedeutungsrahmen gesetzt wird oder der Begriff schlicht nicht hilfreich ist, um die Wirklichkeit zu verstehen.

Dass sich der Bedeutungsgehalt von Begriffen wandelt, versteht sich von selbst. Aber ist jeder Wandel zu begrüßen? Auch Begriffswandel sollte wohlbegründet sein. Zu Recht kritisierte die Redaktion von »HannahArendt.net. Zeitschrift für politisches Denken« im Jahr 2021 »Zeiten, in denen Egoismus als Freiheit verkauft wird, Menschenrechte als Privilegien gelten und die Verbreitung von Halbwahrheiten Meinungsfreiheit genannt wird. In solchen Zeiten ist es besonders geboten, von der menschlichen Urteilskraft entschiedener Gebrauch zu machen, Recht von Unrecht und Wahrheit von Meinung zu unterscheiden.«[9]

Die jüngere Sicht auf »Privilegien« ist somit Teil eines umfassenderen Trends hin zur semantischen und konzeptuellen Expansion, der auch Begriffe wie »Rassismus«, »Gewalt«, »Phobie« oder »Trauma« betrifft. Der Psychologe Nick Haslam hat dafür den Ausdruck »Concept Creep« geprägt: Phänomene, die als problematisch, inakzeptabel oder intolerabel gelten, werden immer breiter definiert.[10] Einerseits ist das erfreulich, steht dahinter doch oft der Wille, Komplexität in den Blick zu nehmen und Probleme nicht erst dann zu lösen, wenn sie bereits übergroß sind. Andererseits ist Vorsicht geboten – nicht nur, was die Gefahr der Verzettelung und Überfrachtung betrifft, sondern auch hinsichtlich subjektiver Willkür, mangelnder Stringenz und Aneignung durch andere. So konnte man in den letzten Jahren beobachten, wie Islamisten und ihre Unterstützer »Islamophobie!« riefen, um legitime Religions- und mehr noch Fundamentalismuskritik zu diskreditieren; wie sich europäische und amerikanische Neonazis als »Minderheit« inszenierten, die vor einem »Genozid« geschützt werden müsse; wie trotz historisch einmaliger Fortschritte bei den Frauenrechten in westlichen liberalen Demokratien weiterhin das »Patriarchat« beklagt wurde; wie der Kreml »Antifaschismus«, »Entnazifizierung« und sogar »Antiimperialismus« als Legitimationsbegriffe für Gewalt im Dienste imperialer Macht nutzte. Hier trifft Expansion auf zynisches Framing, also auf eine tendenziöse rhetorische Verpackung, die einen bestimmten kognitiven Bedeutungsrahmen setzt. Offenbar hat jemand im Kreml genau aufgepasst, wie im heutigen Westen – und teils schon in der Sowjetunion – die besagten Begriffe ausgeweitet und letztlich entgrenzt worden sind; wie etwa aus »Nazi« ein diffuses Symbol für alles Konservative wurde, wie Skepsis, Zweifel, Kritik als »Phobien« pathologisiert wurden oder wie selbst kleine Verletzungen sich in strukturelle »Diskriminierung« verwandelten. Von diesem Framing, von dieser Entgrenzung versuchen nun auch die Reaktionären, Revanchisten, Autoritären, Totalitären zu profitieren: »Die russische Botschaft in Chisinau hat vor einigen Tagen die russischsprachigen Bürger der Republik Moldau aufgefordert, ihre Diskriminierungserfahrungen zu melden«, berichtete der Schriftsteller Vitalie Ciobanu im März 2022 in einer Gastkolumne für die »Deutsche Welle«.[11]

Zwar ist Framing unvermeidbar. Es gibt keine völlig neutralen Begriffe. Auch unbewusst geben wir unserem Vokabular stets ideologische Nebenbedeutungen. Umso wachsamer und kritischer sollte man jedoch sein, wenn Gruppen versuchen, über Sprachpolitik oder Sprachaktivismus auf subtile Weise ihre Werturteile in der Gesellschaft zu verfestigen. Ob ein Geschlecht bei Geburt »festgestellt« oder »zugewiesen« wird, macht einen Unterschied – wer will schon etwas »zugewiesen« bekommen? Ob ich eine »Rente« oder eine »Respektrente« beziehe, macht einen Unterschied – bei letzterer kann oder soll der Eindruck entstehen, die Vorgängerregierungen hätten keinen Respekt vor den Bürgern gehabt. Ob die Achtung meiner Menschenwürde und meiner staatsbürgerlichen Rechte als »gerechte« oder »privilegierte« Behandlung bezeichnet wird, macht einen Unterschied – eben den oben erläuterten.

Im vorliegenden Buch möchte ich versuchen, den Begriff »Privileg« zu schärfen und von Autoritäten bewusst gewährte, kodifizierte Vorrechte von Vorteilen, die sich aus einer Vielzahl von Quellen speisen, zu unterscheiden. Nicht, um Probleme auszublenden oder zu verharmlosen. Sondern, um Probleme besser zu erfassen oder um Probleme zu vermeiden, etwa dasjenige, dass bei schwammigem Begriffsverständnis und -gebrauch Personen mit gesetzlich garantierten Vorrechten kaum mehr unterscheidbar sind von Menschen, die sich Vorteile hart erarbeitet haben, kluge Entscheidungen getroffen haben beziehungsweise schlicht das Glück hatten, in Friedenszeiten geboren zu sein. Ziel muss es sein, den Maslow'schen Hammer mindestens um Schraubendreher, Zange, Bithalter, Bohrmaschine zu ergänzen. *Diversity matters!* Dabei werde ich, ohne ins Horn des grassierenden Sprachessenzialismus – der Wort und Sache ineinssetzt – zu stoßen, die Beobachtung ernst nehmen, dass Sprache die außersprachliche Wirklichkeit miterzeugt. Ich tue das, obwohl ich zu jenen gehöre, die dafür plädieren, weniger Energie in die Veränderung der Welt durch Sprache zu investieren und stattdessen mehr Energie auf die Veränderung der Sprache durch Welt zu verwenden. Insofern werde ich in diesem Buch immer wieder über meinen eigenen akademischen Schatten springen.

Formen des Sprechens und Schreibens über Privilegien, etwa *Privilege Shaming* oder ein entgrenzter Begriffsgebrauch, haben unbestreitbar Einfluss auf die Kultur. Wenig zielführend sind hier Vergleiche mit Diskussionen über Gendern, in denen Befürworter des letzteren einfach grammatikalisches, biologisches und soziales Geschlecht gleichsetzen und Tatsachen wie die, dass man im Türkischen oder Ungarischen eine genusfreie, also im Prinzip genderneutrale Sprache und in den entsprechenden Ländern trotzdem ein Patriarchat haben kann, ignorieren. Im Polnischen werden gar die Verben bei der Vergangenheitsbildung geschlechtsspezifisch gebeugt – ohne dass sich diese Besonderheit in besonders progressiven Geschlechterverhältnissen niederschlügen. Nein, die Bande zwischen grammatikalischem Geschlecht, biologischem Geschlecht und sozialem Geschlecht sind zu lose geknüpft, als dass man Energien in diesbezügliche Sprachregulierung investieren sollte. Man denke nur an »die Mannschaft«, »die Leiche«, »den Menschen«, »das Mitglied«, »die Person«, »das Genie«, »die Armee«, »die Wache«, »den Harem«, »die Belegschaft«, »die Unternehmensleitung«. Um Grammatik geht es mit Blick auf Privilegien nicht. Es geht um das Zusammenspiel von Wortbedeutung, Wortherkunft, Wortgebrauch (oder: Semantik, Etymologie, Pragmatik). Ob es heißt: »Diese Person genießt Vorteile«, »sie hatte es leichter als er«, »jene Gruppe verfügt über bessere Startbedingungen«, »es ist ein Geschenk, liebende Eltern zu haben« oder ob man sagt: »diese Gruppe / diese

Person ist privilegiert – *check your privilege*!« macht auch und allein schon in atmosphärischer Hinsicht einen Unterschied. So klingt der Satz »Ich bin privilegiert« nach einem akademisch bemäntelten Bekenntnis. Anders – wärmer, offener, unverstellter – klingt es, wenn der Autor des Kleinaccounts @JoergMutke auf Twitter schreibt: »Wenn du morgens nach 14 Tagen Covid-Isolation mit einem Grinsen zur Arbeit fährst, weil du dich auf die Kolleg:innen, dein Büro und die Klient:innen freust, hast du viel richtig gemacht in den letzten Jahren und sehr viel Glück gehabt. Ich bin unendlich dankbar.«[12] Oder wenn der Musiker Helge Schneider mit Blick auf die desolate Situation vieler Künstler während der Corona-Pandemie lapidar feststellt: »Mir geht's gut, ich darf überhaupt nicht klagen.«[13] Oder wenn Arnold Schwarzenegger seinen Fans »Sechs Regeln des Erfolges« mit auf den Weg gibt und sie darin nicht nur auffordert, sich selbst zu vertrauen und bis zum Umfallen zu arbeiten, sondern auch, der Gesellschaft etwas zurückgeben: »Rauszugehen, um anderen Menschen zu helfen, wird euch glücklicher und zufriedener als alles andere machen.«[14] Andere gehen raus, um Privilegien zu checken.

Weil in liberalen Demokratien »Privilegien« zu besitzen nichts Schönes, Edles und Gutes ist, bekennt man seine vermeintlichen oder tatsächlichen »Privilegien« im Ton der Demut oder der Reue (idealerweise ohne sie aufzugeben), entschuldigt sich dafür, schämt sich öffentlich für sie oder kritisiert die Privilegiertheit der anderen. Zugleich trägt die öffentlich vollzogene Selbstanklage oder Demutsbekundung zur Selbstaufwertung bei. Sich selbst als »privilegiert« zu bezeichnen, verschafft den Bezeichnenden soziales und kulturelles Kapital, zumindest in ihrem Milieu, erscheinen sie doch als besonders kritisch und reflektiert. Vor allem wenn sich von Gratismut erfüllte Prominente ob ihrer »Privilegien« in der Öffentlichkeit beschämt, reu- oder demütig zeigen, sollte man genau hinschauen. »Ich mag es nicht, wenn sich Leute im Namen der Demut auf einen Thron setzen«, twitterte der emeritierte Geschichtsprofessor Thomas Stamm-Kuhlmann 2022.[15]

Weitere Beispiele aus unterschiedlichen Kontexten mögen in den nächsten Kapiteln verdeutlichen, welche Funktionen der Begriff »Privileg« im sozialen Gebrauch gegenwärtig erfüllen kann und wie er in Debatten sowie akademisch-aktivistischen Texten eingesetzt wird. Dabei knüpfe ich an eine Diagnose aus Eva Berendsens, Saba-Nur Cheemas und Meron Mendels Buch »Triggerwarnung« an: »In ihrer exzessiven Ausprägung wird die Betonung von Differenz und Privilegien zum Selbstzweck und schließt für all jene den Raum, die ihre Position nicht mit ihrer Identität und Minderheitenzugehörigkeit belegen können oder wollen.«[16] Nach der Diskussion gängiger Verwendungsweisen des Privilegienbegriffs und Bezugnahmen auf so verschiedenartige Bereiche wie Punk und Hardcorepunk, US-amerikanische Parallelgesellschaften, Individualismus, Antisemitismus, Osteuropa, Flucht und Migration werde ich in den folgenden Kapiteln zunächst die traditionelle Bedeutung des Begriffs erläutern, um dann am Beispiel der Aktivistin Peggy McIntosh zu zeigen, wie der Begriff entgrenzt worden ist. Abschließend werde ich in einer kompakten Zusammenfassung einen Vorschlag für einen gerechteren Begriffsgebrauch machen.

Worte und Waffen.
Privilegien in Massenmedien

Die im vorigen Kapitel skizzierte negative Nebenbedeutung dessen, was »Privileg« als Kombination des lateinischen Adjektivs »privus«, einzeln, und des Substantivs »lex«, Gesetz, ursprünglich meinte, nämlich ein explizites Vor- oder Sonderrecht, legt eine repräsentative Studie von Infratest Dimap vom Februar 2021 nahe. Es war die Zeit, da viel über »Corona-Privilegien« gestritten wurde. In diesem Zusammenhang befragte das Institut für Trend- und Wahlforschung im Auftrag der »Tagesthemen« 1003 Deutsche wie folgt: »Angenommen, eine Corona-Impfung würde nicht nur die Ansteckung, sondern auch die Übertragung des Coronavirus verhindern: Sollte es dann Sonderrechte für Menschen mit einer Corona-Impfung geben, zum Beispiel bei Urlaubsreisen oder für den Restaurantbesuch oder sollte es solche Sonderrechte für Geimpfte nicht geben?« Grob zwei Drittel der Befragten sprachen sich gegen »Sonderrechte«, also »Privilegien«, aus.

Aber bezog sich die Ablehnung wirklich auf den Sachverhalt? Oder eher auf das Framing? Der Journalist Christoph Eisenring stellte überzeugend fest: »Wenn man die Frage in dieser Form stellt, darf die ablehnende Haltung niemanden überraschen. Wer möchte schon, dass andere mit Sonderrechten oder Privilegien ausgestattet werden?«[17] Verfügt man über ein »Corona-Sonderrecht«, so wird man sich als Demokrat dafür schämen. Hätte man anders gefragt, hätte man wohl andere Antworten erhalten. So hätte die Frage »Sollte man Freiheitsbeschränkungen für Geimpfte und Immune aufheben?« eine andere Stoßrichtung. Hier erscheint die Aufhebung von Einschränkungen als Rückkehr zur Normalität in liberalen Rechtsstaaten, wo jede Freiheitsbeschränkung streng überprüft werden muss. Wer könnte da dagegen sein? Geht es um die Rückkehr zum Normalzustand, ist die Rede von »Privilegien« irreführend. Stimmt man dieser Argumentation zu, wird man nicht umhin können anzuerkennen, dass es ebenfalls kein »Privileg« ist, auf dem Nachhauseweg nicht verprügelt oder am Arbeitsplatz nicht diskriminiert zu werden. In Kapitel 10 werde ich zeigen, dass sogar Peggy McIntosh, die federführend daran beteiligt war, den Begriff »Privileg« zum aktivistischen Instrument zu machen, ihn für irreführend hält.

An dieser Stelle ist jedoch Vorsicht geboten. Reaktionäre und revanchistische Kommentatoren spotten über die »Luxusprobleme« angeblich privilegierter Menschen, die sich, weil sie keine wirklichen Herausforderungen mehr kennen, exzessiv mit Dingen wie Geschlechteridentitäten, Ernährung, Mikroaggressionen und Sprachpolitik befassen. Auch wenn es zutrifft, dass in liberalen westlichen Wohlstandsgesellschaften über den Fokus auf Mikroprobleme so manche handfeste Makroprobleme – etwa im Bereich Geopolitik, Versorgungssicherheit, Infrastruktur, Demografie – vernachlässigt worden sind, wäre es doch zynisch, sich die Härten überkommener Realitäten zurückzuwünschen, nur um den privilegierten »Dekadenten« eins auszuwischen. Als Demokrat und Menschenfreund wird man zwar, zumal vor dem Hintergrund des Angriffskriegs Russlands gegen die Ukraine im Jahr 2022, anerkennen, dass gerade in Deutschland so manche unliebsame Realität ausgeblendet oder im Sinne Angela Merkels kleingehäckselt und in den postpolitischen Wind gestreut wurde. Doch man wird keine Schadenfreude darob empfinden, dass neue Makroprioritäten wie Nachrüstung oder Energieversorgung zumindest vordergründig endlich mal nichts mit Gender, Safe Spaces, Lastenrädern, Achtsamkeit, Yoga und

Sprachregulierung zu tun haben. Anstatt den Niedergang der Luxusprobleme zu bejubeln, gilt es gerade im Angesicht der Krisen und Kriege zu fordern: Luxusprobleme für alle! Wohl denen, die sich mit subtilen Fragen der Gerechtigkeit, mit Symbolen und Repräsentationen, mit Meta-Ebenen und Diskursen, statt mit der früher üblichen materiellen Not und körperlichen Grausamkeit auseinandersetzen können! Warum sollte man sich daran delektieren, dass die angeblich »Schwachen« endlich die harte Faust der Realität schmecken? Warum sollte man sich nach unten orientieren, am Sumpf des So-ist-es-halt? Das ist Defätismus. Nicht Luxusprobleme »Privilegierter« an und für sich sind das Problem. Sondern, dass man sie selten als Luxusprobleme erkennt, sie nicht als solche wertschätzt, kultiviert, feiert. Und oft vergisst, wie hart sie erkämpft werden müssen.

Ein weiteres Beispiel für die Anrüchigkeit des Begriffs »Privileg« und dessen zeittypischen Gebrauch stammt aus dem Twitter-Pluriversum. Dort zog der followerstarke Account der Nutzerin »Fröllein Hanbekks« (@hanbekks) im Jahr 2021 den Unmut des Schwarms auf sich, nachdem sie beschrieben hatte, wie sie und ihr Ex-Mann, jeweils die Hälften eines Doppelhauses bewohnend, sich um die gemeinsamen Kinder und Finanzen kümmerten. Die geschiedenen Eheleute zahlten einander zur Angleichung ihrer finanziellen Situation je die Hälfte ihres Bruttogehaltes. Die Kinderbetreuung teilten sie paritätisch auf: »Der Richter, der uns damals geschieden hatte, meinte, er hätte so eine Konvention noch nie gesehen, es gäbe aber keinerlei Gründe, die dagegen sprechen würden. Es geht also auch so. Man muss es nur, Ihr wisst schon…« In einem Reply empörte sich der Nutzer »Mr.Cattato« (@LukasStichmann): »Ey ne, schieb dein ›man muss es ja nur wollen‹ gepflegt in deine Doppelhaushälfte. Meine Güte, warum kriegen privilegierte Leute es nicht auf die Reihe, zwischen selbstgewählten Entscheidungen und strukturellen Problemen zu unterscheiden.«[18] Weitere

Nutzer schlugen in die gleiche Kerbe. Fröllein Hanbekks erlebte einen veritablen Shitstorm mit fließendem Übergang zum Cybermobbing.

Mr.Cattato – dem nicht verifizierten Profilnamen und seinen Tweets nach zu schließen ein deutschsprachiger Mann – unterstellte, der Besitz einer Doppelhaushälfte sei ein »Privileg« und die Aussage »Man muss es nur wollen« impliziere die Leugnung »struktureller Probleme«. Dieser Schnellschuss, zu dem die hochfrequente Kommunikation in den sozialen Netzwerken auch bedachte Nutzer immer wieder verleitet, hat paradigmatischen Charakter. Aus der Tatsache, dass dem Besitz eines teuren Objekts durch »strukturelle Probleme« verursachte Ungerechtigkeit zugrunde liegen *kann*, wird die Behauptung, dass dies so sein *müsse*, es also keiner weiteren Nachfrage bedürfe. Frei nach dem Motto: Wenn ich feststelle, dass eine Schildkröte ein Reptil ist, weiß ich, dass alle Reptilien Schildkröten sind. In Wahrheit steckt hinter dem Account @hanbekks jedoch eine Lebensgeschichte, die wenig mit ungerechten, unverdienten »Privilegien« zu tun hat.

Martina Allemann, wie @hanbekks im echten Leben heißt, gelangte im Alter von dreieinhalb Jahren als Adoptivkind aus Korea in die Schweiz. Adoptivkind, Frau, »Person of Color« – gemäß gängiger identitätspolitischer Nomenklatur sind damit alle Voraussetzungen für »strukturell diskriminiert« beziehungsweise »strukturell benachteiligt« erfüllt. Im August 2020 twitterte Allemann: »Meine Mutter hat mir als Kind immer wieder gesagt: Wenn wir dich nicht adoptiert hätten, wärst du jetzt in Korea auf dem Strich. (sic!) Seid bitte nie gewalttätig zu Euren Kindern. Auch nicht verbal.«[19] Im Oktober 2020 schrieb sie: »Meine Mutter hatte bereits drei blauäugige leibliche Kinder, wollte aber noch ein Kind mit ›so schönen braunen Augen‹ adoptieren, am liebsten aus Peru. Peruanerkinder waren aber aus. Dann hat sie halt mich genommen. Sich geliebt fühlen. So wichtig.«[20] Auch sexuellen Missbrauch hat Allemann eigener Aussage nach als Kind erfahren.[21]

Der Nutzer Mr.Cattato blendete all dies in seinem selbstgerechten Machismo aus. Dabei hätte er genau umgekehrt argumentieren können: »Die Geschichte von @hanbekks zeigt, dass man es in unserer Gesellschaft trotz einer unvorteilhaften Startposition weit bringen kann! Die Möglichkeit sozialer Mobilität ist, allen Ungerechtigkeiten zum Trotz, gegeben.« In der Tat rangiert die mitunter als kaltherziger Hort des Liberalismus gescholtene Schweiz auf dem Global Social Mobility Index unter den Top Ten – einige Plätze vor Deutschland, dem Land der Dichter und Denker. Dort stehen intensive moralische Diskussionen über soziale Ungerechtigkeit sowie ein starker Sozialstaat seit Jahrzehnten im Kontrast zu den schlechten Aufstiegschancen für Migranten und Menschen aus bildungsfernen Haushalten, zu struktureller Altersarmut und zum relativ weiten Gender Pay Gap.[22]

Liest man wie Mr.Cattato nur das Ende einer Geschichte, um sich ein Urteil zu bilden, kommt man zu einem anderen Schluss, als wenn man die ganze Geschichte liest. Allemann ist nicht einfach »privilegiert«, vielmehr hat sie sich, wohl mit etwas Glück und der Hilfe anderer, durch eigene Anstrengung eine bessere Position im Leben verschafft. Die notwendigen, aber nicht hinreichenden Rahmenbedingungen dafür lieferte die liberale, pluralistische Demokratie und eine Marktwirtschaft, der am Einbezug möglichst vieler Menschen gelegen ist. Wer hier den pejorativ gefärbten Begriff »Privileg« gebraucht, offenbart eine gefährliche Form von Denkfaulheit und Sozialneid. Im Mai 2021 brachte Allemann die Phantomdebatte in einem weiteren Tweet auf den Punkt: »Ich bin in einem bildungsfernen Haushalt aufgewachsen und habe nie eine Ausbildung gemacht. Dass es mir heute in jeder Hinsicht gut geht, hat vor allem damit zu tun, dass ich gekämpft habe, statt mich selbst zu bemitleiden. Missgünstige dürfen es aber auch ›privilegiert‹ nennen.«[23]

Allemanns Erfahrung ist mitnichten ein Einzelfall und damit vernachlässigbare anekdotische Evidenz. Die Kolumnistin der »Los Angeles Times« Meghan Daum beschrieb schon 2014 den Einsatz des Privilegienbegriffs »als Waffe« in der Kommunikation. Aus Analysen und Beobachtungen seien Anschuldigungen geworden, aus Selbstbetrachtung Selbstgerechtigkeit: »Was früher als ›Klassenbewusstsein‹ bezeichnet wurde – das Bewusstsein dafür, wie soziale und wirtschaftliche Strukturen das Selbst formen –, könnte heute ebenso gut als ›Privilegienpranger‹ [*Privilege Shaming*] bezeichnet werden.«[24] Im Jahr 2020 diagnostizierte die britische Journalistin und Aktivistin Inaya Folarin Iman: »Selbst wenn Begriffe wie ›weiße Privilegien‹, ›Mikroaggression‹, ›kulturelle Aneignung‹ usw. einen gewissen Wahrheitsgehalt haben, so sind sie doch so sehr zur Waffe geworden, so formlos und subjektiv, dass sie in ihrer Gesamtheit abgelehnt werden müssen.«[25] Als Faustregel könnte man aus Daums und Imans Kritik ableiten: Entgrenzte Begriffe, die aufgrund ihrer Schwammigkeit nicht länger dem Begreifen dienen, dienen meist dem Angreifen. Oder sie werden, mit einer Formulierung des Sozio- und Diskurslinguisten Friedemann Vogel gesprochen, Teil eines »Narrativ[s] zur Verantwortungsdiffusion«.[26]

Man muss allerdings gar nicht so weit gehen, wie Iman die Begriffe gesamthaft abzulehnen. Es genügt, sich der Potenziale wie auch der Schwammigkeit der zugrunde liegenden Konzepte und der Fährnisse des typischen sozialen Begriffsgebrauchs bewusst zu sein. Man wird dann nur in gewissen Kontexten von »Privilegien« sprechen und sich hüten, den Begriff als Allzweckwaffe einzusetzen, um in diskursiven Gladiatorenkämpfen schnelle Siege zu erringen. Die Kollateralschäden sind viel zu hoch und fallen früher oder später auf einen selbst zurück. Um noch einmal Berendsen, Cheema und Mendel zu zitieren: »Wenn Menschen als ›privilegierte‹ markiert und dafür schuldig gemacht werden –, dann versperrt hier ein ›positionaler Fundamentalismus‹ (Paula-Irene Villa) politische Allianzen der Verschiedenen und die Idee von hybriden Identitäten genauso, wie er die Opferkonkurrenz befeuert und neue Paternalismen auf den Plan ruft.«[27]

Grobe Züge hat die Begriffsverwendung auch in Robin DiAngelos Buch »White Fragility. Why It's So Hard for White People to Talk About Racism« (2018, deutsche Übersetzung: »Wir müssen über Rassismus sprechen: Was es bedeutet, in unserer Gesellschaft weiß zu sein«, 2020). Im Folgenden beziehe ich mich auf die amerikanische Originalausgabe. Speisten sich US-amerikanische Diskurse in der Nachkriegszeit stark aus europäischen Quellen, so sind europäische und gerade auch deutsche Diskurse – etwa über Gender, Diversity, *Race* – aktuell stark von US-amerikanischen Autoren wie DiAngelo, Kimberlé Crenshaw oder Ibram X. Kendi geprägt. Hier betreten wir nicht nur das Terrain akademischer Diskurse und ihrer Rückkoppelungseffekte auf den Alltag in hypervernetzten globalen Mediengesellschaften, sondern auch des Begriffs- und Konzepttransfers zwischen dem angloamerikanischen und dem deutschsprachigen Raum. Diese Aspekte der Privilegiendebatte werde ich ausführlicher diskutieren, wird in Debatten doch häufig auf Experten, die den eigenen Standpunkt legitimieren sollen, Bezug genommen. Besagte Experten entstammen oft dem akademischen Milieu und gelten damit als besonders glaubwürdig. Aber sind sie das? Vorausgeschickt sei, dass meine Kritik keine Ablehnung der Beweggründe und Ziele der Kritisierten darstellt. Ich kritisiere, was kritikabel ist. Kritikabel zu sein bedeutet, satisfaktionsfähig zu sein. Kritik sucht die faire Auseinandersetzung, nicht den Kulturkampf. So verstandene Kritik bedeutet, etwas ernst zu nehmen und wertzuschätzen. Nicht zwingend die jeweiligen Personen, aber die Anliegen, die sie vertreten.

Die Pauschalisierungsfalle.
Privilegien und Rassenkonstrukte in akademischer Literatur

Die US-amerikanische Aktivistin und Soziologin DiAngelo entwickelt »Weißsein« allen Differenzierungsbekundungen zum Trotz als eine essenzialistische Kategorie. »Weiß« ist für sie untrennbar mit bestimmten Eigenschaften, Einstellungen und sozialen Positionen verbunden. So bindet DiAngelo »weiß« nicht nur an die Eigenschaft und Position »privilegiert«, sondern auch an die Einstellung »individualistisch«. Damit bestätigt DiAngelo eine Beobachtung von Angel Eduardo, Autor und Aktivist bei der Foundation Against Intolerance and Racism (FAIR): »Die Vorstellung, dass Race – insbesondere Schwarzsein – eine bestimmte Ideologie oder einen bestimmten Standpunkt mit sich bringen sollte und dass ein Abweichen von diesem Standpunkt ein Zeichen für unglückseliges Weißsein [›unfortunate whiteness‹] ist, ist leider weit verbreitet.«[28] Nicht näher spezifizierte »weiße Menschen«, schreibt DiAngelo, würden sich gegen ihre Schriften wehren, weil sie als Soziologin die »Kardinalregel« des Individualismus verletze: »Ich generalisiere.« Dadurch fühlten sich »Weiße« in ihrer angenommenen Einzigartigkeit, die Ausdruck ihres privilegierten materiellen, politischen und sozialen Status sei, verletzt. Sie bezeichnet Individualismus unumwunden als »Ideologie des Rassismus«. Auf Individualismus werde ich im nächsten Kapitel eingehen. Hier soll es zunächst um Privilegien und *Race* gehen.

Allein schon die Tatsache, dass eine angeblich per se privilegierte Gruppe, eben »die Weißen«, DiAngelos Thesen nicht einfach ignorieren kann, sondern sich stattdessen in Feuilletonbeiträgen, in der Politik, an Hochschulen und in den sozialen Netzwerken an ihnen abarbeitet, ja teils mit hilflosen Kulturkampfinvektiven darauf reagiert, zeugt davon, dass in den Machtverhältnissen der westlichen Moderne einiges in Bewegung geraten ist. Und das ist gut so. Weniger gut ist das methodische Vorgehen DiAngelos. DiAngelo bestimmt ex cathedra, wer und was »weiß« ist. Identifizieren sich als »weiß« klassifizierte und rassifizierte Menschen nicht als »weiß«, gelten sie als renitente Privilegienleugner. Akzeptieren sie die Zuschreibung, sind sie privilegiert. Akzeptieren sie die Zuschreibung nicht, sind sie erst recht privilegiert. Je stärker sie sich gegen die Klassifizierung-Rassifizierung wehren, desto »weißer« werden sie, denn »Weiße« wollen angeblich nicht als »Weiße« wahrgenommen werden – wie das zu »White Supremacy« und anderen explizit »weißen« Ideologien passt, werde ich in Kapitel 10 diskutieren. Und ist es nicht die Hautfarbe, die »weiß« macht, dann ist es bei DiAngelo eben die innere Einstellung. Es gibt keinen Ausweg aus diesem Zirkel der Zuschreibungen. DiAngelo beansprucht die Definitionsmacht.

Fraglich ist zunächst einmal, ob man das ideologische Konstrukt einer Hautfarbe und die ihm zugeschriebenen Eigenschaften überhaupt isoliert von anderen Aspekten betrachten kann. Es gibt weder »weiß« noch »schwarz« noch sonst eine buchstäbliche oder metaphorische »Farbe« unabhängig von Herkunft, Alter, Einkommen, Bildung, Geschlecht, Religion, politischer Haltung, körperlicher Verfassung, sozialem Umfeld und so fort. Das sollte theoretisch jedem klar sein, und auch DiAngelo ist es in der Theorie klar. In ihrem Buch wie auch in der alltäglichen Kommunikationspraxis ist dennoch immer wieder pauschal von den Gruppen der »Weißen« oder der »Schwarzen« die Rede (siehe Kapitel 10). Und wird auch in vielen Texten über Rassismus und Antirassismus zu Recht betont, »schwarz« oder »weiß« seien keine biologischen Tatsachen, sondern ideologische Konstrukte, so wird im Alltag des Privilegien-Checkens eben doch anhand der biologischen, nicht selbst gewählten Hautfarbe identifiziert. Im Hinblick auf Privilegien »schwarz« oder »weiß« zu sagen und stets hinzuzufügen, es seien nicht wie in der kontaminierten Geschichte buchstäbliche Hautfarben gemeint, ist in der lebensweltlichen Realität der Kommunikationspraxis nicht praktikabel. »Weiß« und »schwarz« bleiben außerhalb akademischer Zirkel eben doch buchstäbliche Farben und Hautfarben. Man könnte sagen: Die Begriffe »Privileg«, »weiß« und »schwarz« leiden unter Utopiemangel; sie verfestigen Stereotypen, die es doch zu dekonstruieren gälte. Die Feministin, Forscherin, Aktivistin und Schriftstellerin Mithu M. Sanyal hat recht, wenn sie abwägend argumentiert: »Worte müssen auf die Diskriminierungsgeschichte hinweisen und auf die Utopie. Wenn wir in der Sprache zu sehr auf die Geschichte verweisen, reduzieren wir uns auf unsere Schmerzen. Wenn wir zu sehr auf die Zukunft verweisen, leugnen wir den existierenden Rassismus.«[29]

Ich setze in diesem Buch Identitätskonstrukte auf Basis von (Haut)Farben wie »weiß« oder »schwarz« in Anführungszeichen, um zu betonen, dass ich sie zitiere, nicht gutheiße. Von der Praxis, die Adjektive »weiß« und »schwarz« groß oder kursiv zu schreiben, um sie als ideologische Konstrukte zu markieren, halte ich nichts. Wenn politische Kommentare Grammatik außer Kraft setzen und die politische Dimension einfach der linguistischen übergeordnet wird, öffnet man politischer Instrumentalisierung von Sprache auch von anderer ideologischer Seite die Tür. Die Tatsache, dass alles implizit politisch ist, bedeutet nicht, dass man alles explizit politisieren sollte. Was wiederum die von Aktivistengruppen geforderte pauschale Tabuisierung einzelner Wörter, sogar in Zitaten und Quellenangaben, betrifft, so trägt diese dazu bei, das Gemeinte ex negativo aufzuwerten, den Ausdrücken eine Aura der Macht zu verleihen und sie für Regelbrüche künftiger Generationen umso attraktiver zu machen. Chiffrierungen des Tabuisierten (etwa »N-Wort«) erinnern an die Pieptöne, mit denen in Fernsehsendungen unflätige Ausdrücke getilgt werden; oder an die Asterisken in Wörtern wie »f*ck«, die umso stärker betonen, dass »fuck« gemeint ist. Gerade die Zensur akzentuiert das Gesagte. Und alle wissen sowieso, was gemeint ist. In diesem Sinne verbietet sich der affirmative Gebrauch etwa des herabwürdigenden »N-Worts« zwar, Zitate aus Quellen aber müssen in unveränderter Form möglich sein. Tabuisiert, purifiziert oder verbietet man Ausdrücke, so wähnt man das Gemeinte irgendwann überwunden, wiegt sich in falscher Sicherheit und verlernt den Umgang mit dem Kontroversen. Genau dann kehrt die Vergangenheit mit Wucht zurück. Ich halte es da mit dem »schwarzen« Kabarettisten und Autor Marius Jung: »Ich finde nicht, dass man die Erinnerung daran tilgen sollte, was es einmal gab und was üblich war – auch wenn man es heute als rassistisch erkennt und betrachtet. Man soll es zeigen und kommentieren. Tabus lehren nichts, sondern lenken die Neugier in die falsche Richtung.«[30]

Fächert man das Gruppenkonstrukt »weiß« empirisch-historisch auf, dann erscheint DiAngelos These, einzelne Individuen könnten zwar antirassistisch sein, profitierten aber unweigerlich von einem rassistischen »System«, das »Weiße« stets als Gruppe privilegiere, zu grob gestrickt.[31] Vor dem Hintergrund der US-amerikanischen Geschichte mit ihren europäischstämmigen Sklavenhaltern und afrikanischstämmigen Sklaven ist DiAngelos Argumentation zumindest teilweise schlüssig, in anderen Kontexten hingegen nicht. Theorien wie die von DiAngelo zirkulieren mittlerweile global. Zudem schreibt die Autorin ausdrücklich, sie betrachte in ihrem Buch »den Westen im Allgemeinen (die Vereinigten Staaten,

Kanada und Europa)«. Man muss schon einen sehr hohen Feldherrenhügel erklommen haben, um alle diese Gebiete zu überblicken.

Viele Probleme mit identitätspolitischen, postkolonial-antirassistischen Theorien von *Social Justice Warriors* aus den USA liegen darin, dass sie im aktivistischen Überschwang entdifferenziert und auf alle möglichen Kontexte projiziert werden. Dann stehen da »die Weißen« pauschal für »die Privilegierten«, wo doch China längst zur Weltmacht aufgestiegen und »Weißsein« dort längst kein Vorteil mehr ist; dann gelten »Weiße« als die am stärksten privilegierte Gruppe in den USA, obwohl Amerikaner asiatischer Herkunft oder Abstammung seit geraumer Zeit die höchsten Haushaltseinkommen aufweisen, das höchste Bildungsniveau haben und die am schnellsten wachsende ethnische Gruppe sind;[32] dann steht da ein mächtiger »globaler Norden« einem machtlosen »globalen Süden« gegenüber, was den Blick auf Binnenunterschiede in Europa verstellt, etwa im Vergleich West- und Osteuropa; dann steht da das »weiße« europäische Herrenreitermilieu für alle Europäer, wo doch bis weit ins 19. Jahrhundert in Europa Institutionen wie die Leibeigenschaft bestanden; dann steht da »weiß« für europäischen Kolonialismus, wo doch osteuropäische Staaten wie Polen, Rumänien oder die Ukraine nicht nur keine Kolonien in Übersee hatten, sondern teils selbst Opfer von Kolonialisierung waren (ja, auch durch Nicht-»Weiße« und »Nichtchristen« – das expansionistische Osmanische Reich wird in diesen Zusammenhängen gern einmal vergessen; ebenso die weitgehende Vernichtung der christlichen Bevölkerung auf dem Gebiet der heutigen Türkei, die der Linke-Politiker Ismail Küpeli in seinem Buch »Die kurdische Frage in der Türkei« (2022) analysiert).[33] Bezeichnenderweise fehlt, Stand März 2022, im Wikipedia-Eintrag zu »White Privilege« die Auseinandersetzung mit Osteuropa. Argumentiert man, dass auch Osteuropa direkt oder indirekt vom »weißen« Kolonialismus profitiert habe, so müsste man hinzufügen, dass auch lokale Eliten, Kollaborateure und Sklavenhändler in den Kolonien profitierten. In DiAngelos Buch ist von Sklaverei die Rede, aber nicht davon, dass sich das Wort »Sklave« von »Slawe« ableitet. Jean-Jacques Dessalines, der erste indigene Kaiser des revolutionären Haitis, wusste, wovon er sprach, als er im frühen 19. Jahrhundert Polen als »die weißen Neger Europas« bezeichnete.[34] Entsprechend klassifizierte und rassifizierte der deutsche Philosoph Johann Gottlieb Fichte im Jahr 1791 polnische Frauen auf gleiche Weise, wie sich Kolonisatoren in Übersee ihr exotistisches Frauenbild zurechtbogen: Polinnen seien schlampig, verführerisch, schmutzig; und natürlich hätten sie einen stärkeren Sexualtrieb als deutsche Frauen.[35] In jedem Fall gilt, mit der Schriftstellerin Jagoda Marinić: »Das Wort ›Privileg‹ ersetzt noch keine Analyse. Und es ersetzt auch nicht, sich mit den Komplexitäten innerhalb von vermeintlich homogenen Gruppen befassen zu müssen.«[36]

Behauptet auf der anderen Seite des politischen Spektrums Donald J. Trump, die kritische Auseinandersetzung mit »Weißsein«, insbesondere in pädagogischen Zusammenhängen, diene nur der Indoktrination und solle alle »Weißen« dazu bringen, sich für ihre Hautfarbe zu schämen, tut er es methodisch jenen unter seinen Gegnern gleich, die einzelne Weiße mit der Struktur Whiteness identifizieren: Er setzt eine teilweise zutreffende Diagnose – das tatsächlich hier und da existierende, akademisch unterfütterte White Shaming betreffend – absolut, er verallgemeinert auf unredliche, kulturkämpferische Weise. Denn es gibt gute, ja zwingende Gründe dafür, sich kritisch mit dem Klassifizieren von Menschen nach Hautfarben und den damit verbundenen rassistischen Ideologien auseinanderzusetzen. Die Folgen des transatlantischen Sklavenhandels sind bis heute zu spüren und können nicht einfach auf formaljuristische Weise beseitigt werden. Im Schulunterricht der USA muss Rassismus, und zwar der konkrete Rassismus im eigenen Land, eine Rolle spielen;

auch braucht es *Affirmative Action* (gezielte Förderung benachteiligter Gruppen etwa in Schulen). »White Supremacy« muss diskutiert und vor allem energisch bekämpft werden, nicht zuletzt vor dem Hintergrund, dass in den USA hausgemachter Terror durch *White Supremacists* eine massive Bedrohung darstellt. Doch gerade *weil* rassistische Terroristen eine explizit »weiße«, gewaltverherrlichende und extremistische Ideologie vertreten, sollte man sie nicht in einen Topf werfen mit all denjenigen »Weißen«, die zufällig in ein Land mit hellhäutiger Mehrheitsgesellschaft geboren wurden und für ganz andere politische Ziele und Lebensstile eintreten. Im Mai 2022 fragte der Twitterer Lakota Man seine Follower: »Haben anständige, gesetzestreue weiße Menschen die Nase voll vom gewalttätigen Extremismus anderer weißer Menschen?« Als Antwortmöglichkeiten gab er an: ja, ja oder verdammt noch mal ja![37]

Entscheidend ist somit das »Wie« der Auseinandersetzung. Rassifizierung zu kritisieren, indem man sie verfestigt, ist womöglich nicht die beste aller Ideen. Woran kein Zweifel besteht, ist die historische Realität von Versklavung und Ausbeutung, wie sie etwa die afroamerikanischen Autorinnen und Autoren des Pamphlets »The Reason Why the Colored American is not in the World's Columbian Exposition« im Jahr 1893 anlässlich ihres Boykotts der Ausstellung beschrieben: »[Afroamerikaner] haben einen beträchtlichen Theil für das allgemeine Wohl und Civilisation beigetragen; die Hälfte der Arbeit des ganzen Landes wurde und wird jetzt noch von ihnen verrichtet. Das Produkt, durch welches Amerika im Verkehr mit den übrigen Nationen zuerst Bedeutung gewonnen, war erzeugt durch ihre Arbeit. Der durch ihren Fleiß erzeugte Reichthum hat der weißen Bevölkerung die Muße gegeben, die zu einem Fortschritte auf den Gebieten der Bildung, Kunst und Wissenschaft, Industrie und Erfindung nöthig ist.«[38] Aus empirisch-historischer Sicht ist indes auch hier wichtig zu betonen: Nur ein Teil der »Weißen« in den USA waren Sklavenhalter, die Anzahl variierte beträchtlich zwischen verschiedenen Bundesstaaten im Süden. Die Unterstützung oder Ablehnung der Sklaverei im Norden wiederum hing stark von den wirtschaftlichen Interessen der jeweiligen Städte und Regionen ab. New York City beispielsweise »gehörte während des Bürgerkriegs zu den südstaatenfreundlichsten Städten des Nordens; die Sklaverei war der Schlüssel zum wirtschaftlichen Erfolg der Stadt«.[39] Andere Städte profitierten weniger von der Institution Sklaverei. Von der zitierten »Muße« konnten dort auch viele hart arbeitende »Weiße« nur träumen; insbesondere diejenigen, die in Europa noch die Leibeigenschaft am eigenen Leib erlebt hatten und auch nach der Auswanderung in die USA in Knechtschaft lebten: »[Den russischen] Leibeigenen gehörte der eigene Leib nicht. Jederzeit konnten ihre Familien und ihr Wohlstand durch den Willen der Herrschaften zerstört werden. Vor allem der weibliche Körper, der von leibhaften sexuellen Übergriffen bedroht war, wurde zum symbolischen Ort, an dem sich Macht und Ausgeliefertsein demonstrieren ließen.«[40] Das bedeutet nicht, dass ihre Lage identisch war mit der von »schwarzen« Sklaven in den USA, wie es in revisionistischen Diskursen heißt; einmal abgesehen von denjenigen, die nicht in das binäre System »Schwarze und Weiße« passten und entsprechend mal so, mal so klassifiziert-rassifiziert wurden. Um Relativierung soll es hier nicht gehen. Sondern um Relationierung. Um Zusammenhänge.

Wie man in Relationen denkt, ohne zu relativieren, zeigt der Historiker Timothy Snyder, wenn er wenig bekannte Zusammenhänge zwischen dem Rassismus Hitlers, dem NS-Kolonialismus in Osteuropa und der Sklaverei in den USA erörtert: »Das amerikanische *Frontier*-Imperium wurde größtenteils durch Sklavenarbeit errichtet. [Es] war genau dieses Modell des *Frontier*-Kolonialismus, eines durch Sklavenarbeit errichteten Grenzreichs, das Adolf Hitler bewunderte. Wenn Adolf Hitler über die Vereinigten Staaten sprach, dann im Allgemeinen, zumindest vor dem Krieg, mit Bewunderung. Und für Hitler stellte sich die Frage: Wer werden die rassisch Minderwertigen sein, wer werden die Sklaven im deutschen Ostreich sein? Und die Antwort, die er sowohl in ›Mein Kampf‹ als auch … in der Praxis durch die Invasion von 1941 gab, lautete: die Ukrainer. Die Ukrainer sollten im Mittelpunkt eines Projekts der Kolonisierung und Versklavung stehen. Die Ukrainer sollten in Analogie zu den Vereinigten Staaten als ›Afrikaner‹ oder ›Neger‹ behandelt werden, ein Wort, das sehr häufig verwendet wurde, wie diejenigen … wissen, die deutsche Dokumente aus der Zeit des Krieges gelesen haben. Die Idee war, ein auf Sklaverei gebautes, exterminatorisches, koloniales Regime in Osteuropa zu schaffen, dessen Zentrum die Ukraine sein sollte.«[41] In diesem Sinne sagte der NS-Reichsminister für Bewaffnung und Munition Fritz Todt 1941, die Einwohner der »asiatischen Steppe« seien »als Indianer zu betrachten«. Hitler stellte in einem Tischgespräch klar: »Im Osten werde sich zum zweiten Mal ein ähnlicher Vorgang wiederholen wie bei der Eroberung Amerikas.«[42] Hier stößt das Konzept »White Privilege« an seine Grenzen – es sei denn, man übernimmt die nationalsozialistischen Klassifikationen und bezeichnet Ukrainer über deren Köpfe hinweg als »Nichtweiße«.

Ausdrücke wie »Weiße« und »Schwarze« können zwar in einem ersten Schritt hilfreich sein, um überhaupt auf Missstände aufmerksam zu machen und zu betonen, dass bestimmte Menschen bestimmte Erfahrungen teilen. In diesem Sinne hat es der Kulturwissenschaftler Stuart Hall beschrieben: »Schwarz« als Sammelbecken für rassistisch Diskriminierte, die aufgrund ihrer dunkleren Hautfarbe ein einfaches Ziel für Ressentiment bieten. Doch auf mittlere und lange Sicht verstellen sie, wie das Beispiel der Ukraine zeigt, den Blick auf die historische und empirische Realität in unterschiedlichen geografischen Räumen – und damit auf die jeweils wahren Verantwortlichen, nämlich konkrete Menschen mit konkreten Haltungen in konkreten Machtpositionen in konkreten Zeiten, an konkreten Orten. So waren und sind auch Teile der »Weißen« in den USA nicht zimperlich, was Ausgrenzung und Ausbeutung innerhalb der eigenen »Ethnie« betrifft. Instruktiv in diesem Zusammenhang ist die zwischen den 1830er- und 1860er-Jahren in den USA diskutierte »Slave Power Conspiracy«. In einer Verschwörungstheorie – »Verschwörungstheorie« im wertneutralen Sinne, denn es gab in der Tat starke Indizien für eine Verschwörung – warnten Abolitionisten des Nordens vor der Ausdehnung der Institution Sklaverei auf weitere ethnische Gruppen. Es bestehe Anlass zur Sorge, dass die reichen Sklavenhalter des Südens im Verbund mit den Kapitalisten des Nordens für die angestrebte Errichtung einer »privilegierten Aristokratie« nicht nur »Schwarze«, sondern auch »Weiße« unterjochen und so zentrale republikanische Errungenschaften zerschlagen würden.[43] Tatsächlich war in den 1850er-Jahren in Zeitungen wie dem »Examiner« (Richmond) zu lesen, dass die Institution der Sklaverei grundsätzlich richtig sei, dass sie unabhängig von der Hautfarbe bestehe, dass die Versklavung von »Schwarzen« wie auch »Weißen« eine Notwendigkeit darstelle. Der ebenfalls in Richmond publizierte »Enquirer« betonte, die Gesetze erlaubten auch die Versklavung von »Weißen«.[44] Die Republikanische Partei wies darauf hin, dass eine südkalifornische Zeitung Sklaverei als »natürlichen Zustand« und »normale Lage« von Arbeitern, und zwar von »schwarzen« wie auch »weißen«, bejaht hatte. Vor diesem Hintergrund alarmierten die Abolitionisten insbesondere Arbeiter und Migranten: Sie würden wohl als Nächste versklavt werden, wenn sich die Nord-Süd-Aristokratie der Ausbeuter erst einmal etabliert hätte. Die Zeitung »Freeman« (Cincinnati) richtete sich mit einer Suggestivfrage an deutsch- und irischstämmige Leser: Wie könnten sie sich sicher sein, dass ihre Kinder nicht in hundert Jahren in die Sklaverei gezwungen würden?[45] Es ist ein Elend, dass das Wissen um solche Sachverhalte oft instrumentalisiert wird, um mit identitärem oder klientelistischem Kalkül Gruppen gegeneinander auszuspielen, anstatt es zu nutzen, um die Realität in allen ihren Verästelungen zu verstehen und entsprechend gerechter handeln zu können.

Vor allem Iren dürften die Warnung des »Freeman« ernst genommen haben, waren sie doch im Vereinigten Königreich diskriminiert worden. Geradezu tragisch ist, dass viele irische Einwanderer in den USA ihrerseits rassistische Abwege einschlugen, wie der britische Hip-Hop-Künstler Akala in seinem Buch »Natives. Race and Class in the Ruins of Empire« (2018) schreibt: »Bis in die 1960er-Jahre hielt sich bei uns in England die Idee, dass Iren wesentlich Wilde seien. Das berüchtigte Schild ›Keine Iren, keine Schwarzen, keine Hunde‹ ist nur ein Beispiel dafür. Doch in Amerika wurden aus den irischen Immigranten große Unterstützer der Versklavung von Schwarzen, der Konföderierten und der Vorherrschaft der Weißen. Die Iren machten einen signifikanten Teil der Sklavenhalter in ganz Amerika aus – aber einen viel kleineren als die Engländer oder Schotten.«[46] Akala zeigt, dass Ausgrenzungs- oder Gewalterfahrung Menschen nicht zwingend zu gerechten und friedvollen Zeitgenossen macht, wie man eigentlich meinen könnte. Sie haben ja erlebt, wie entsetzlich das ist, also tun sie es selbst nicht! Die Geschichte beweist, dass, wer Ausgrenzung oder Gewalt erfährt, diese oft an andere weitergibt. So bleibt die Spirale der Gewalt intakt. Die Kunst der Menschenliebe besteht darin, sie zu durchbrechen.

Akalas Buch ist eine empfehlenswerte Lektüre. Der Musiker zeigt, wie Aktivismus und Engagement mit Differenzierung Hand in Hand gehen können – trotz einiger Unschärfen und Pauschalisierungen, etwa was seine modische, oberflächliche Kritik am angeblichen »Vater des Rassismus«, Immanuel Kant, betrifft, der der

Existenz von Menschenrassen ja gerade eine Absage erteilte und sich in der »Metaphysik der Sitten« gegen die ungerechte Gewalt der Kolonialisierung aussprach. So betont Akala im Gegensatz zu DiAngelo, dass sich mit Blick auf Rassismus vieles am Status quo verbessert habe, ohne fortbestehenden Rassismus zu verharmlosen. Er erwähnt, welche Vorteile er auch als Nicht-»Weißer« durch seine um seine Bildung besorgte, hart arbeitende Familie und gewisse meritokratische Elemente des britischen Systems genoss, ohne die Benachteiligung anderer Nicht-»Weißer« in Abrede zu stellen. Er zeigt auf, wie ambivalent die Politik des Vereinigten Königreichs ist: einerseits Freiheit, Gleichheit, Demokratie preisend, andererseits all das ignorierend, wenn es um Macht geht. Er unterscheidet mit polemischer Schärfe zwischen offensichtlichem Rassismus, für den Arme und Machtlose im Alltag bestraft werden, und weniger offensichtlichem Rassismus, den sich Reiche und Mächtige weiterhin unter dem Deckmantel der Gelehrsamkeit leisten können. Er erzählt von Drohungen gegen eine »schwarze« Politikerin, man werde sie aufknüpfen, und verweist im nächsten Satz darauf, dass in der britischen Geschichte nicht »Schwarze«, sondern »Weiße« am häufigsten vom Staat gehängt worden seien. Genauer gesagt: arme »Weiße«. Wegen Eigentumsdelikten.

DiAngelos Grobheiten sind im Vergleich dazu umso ärgerlicher, da ihr Ansatz auch viel Überzeugendes beinhaltet. Etwa wenn sie die rechtlichen Tricks benennt, die im 19. Jahrhundert ersonnen wurden, um »Schwarzen« trotz Abschaffung der Sklaverei das Wahlrecht zu verwehren. Oder wenn sie, wie Akala, hervorhebt, dass hellhäutige Arme, obwohl sie phänotypisch als »weiß« hätten gelten müssen, von »weißen« Eliten nicht als »vollständig weiß« angesehen wurden. Und insbesondere dann, wenn sie betont, dass »weiß« ein soziales Konstrukt sei und die Zugehörigkeit zu diesem Konstrukt willkürlich, je nach Machtinteresse, gehandhabt werde.

Alle möglichen Gruppen, so DiAngelo, könnten früher oder später als »weiß« gelten, wenn sie sich entsprechend anpassten; manche leichter als andere. So seien Italiener in den USA zu »Weißen« – als die sie anfänglich nicht galten – geworden, indem sie sich kulturell assimilierten. Der Aufstieg weniger mächtiger Gruppen vollzieht sich, wie es auch der Postkolonialismustheoretiker Homi Bhabha beschrieben hat, oft über die Anverwandlung an die dominierende oder hegemoniale Kultur. Folglich wird Nicht-»Weißen« mitunter von anderen Nicht-»Weißen« vorgeworfen, innerlich »weiß« geworden zu sein und damit gleichsam konterrevolutionär zu agieren. »Coconut!«, lautet dann der diffamierende Vorwurf.

Es erübrigt sich im Prinzip, aber leider nur im Prinzip, auf solche Anwürfe zu erwidern: Jemand wird nicht automatisch »weiß« und damit »privilegiert«, weil er angeblich »weiße« Tugenden wie Pünktlichkeit oder Rationalität kultiviert. Man kann diese Tugenden wertschätzen, gerade *weil* sie nicht per se »weiß« sind, sondern, sich in der Erfahrung bewährend, »Ethnie«, Gruppe, Milieu transzendieren. »Die wichtigsten Eigenschaften bei der Ausbildung des persönlichen Charakters sind Pünktlichkeit und Zuverlässigkeit« – dieses Zitat stammt nicht aus einem deutschen Erziehungsratgeber des 19. Jahrhunderts, sondern aus einer Sammlung von Lehrgesprächen mit Konfuzius. Warum also das irreführende Rassenkonstrukt beibehalten und es in Verbindung mit »privilegiert« verfestigen, anstatt es zu historisieren und für die Gegenwart Schritt für Schritt obsolet zu machen? Man kann auch den Kapitalismus dem Sozialismus aus wohlüberlegten Gründen vorziehen, ohne dadurch automatisch innerlich »weiß« zu werden (in den USA den Kapitalismus zu loben, läuft bei DiAngelo ebenfalls unter »weiß«). Einer der vehementesten Verteidiger des Kapitalismus in den USA ist der einflussreiche afroamerikanische Ökonom Thomas Sowell. Wollte man ihn deshalb »weiß« nennen? Hat er sich einfach angepasst, weil er nach Privilegien strebte, oder hat er selbst nachgedacht und ist zu einem eigenständigen Urteil gekommen? Man weiß es nicht – und sollte deshalb zurückhaltend sein mit Wertungen. Die angeblich »weiße« Verteidigung der Meritokratie schließlich kann ebenso gut dem Einsatz dafür entspringen, dass nicht das Geschlecht oder der Stand, nicht Gott oder Vaterland, sondern die eigene Leistung über das Lebensglück entscheiden *solle*. Zu Recht kritisiert Petra Bahr, Regionalbischöfin für den Sprengel Hannover der Evangelisch-lutherischen Landeskirche Hannovers und Mitglied des Deutschen Ethikrates, die Fokussierung auf den künstlichen Gegensatz zwischen Leistungskult einerseits, Leistungsgesellschaft als Inbegriff des Menschenfeindlichen andererseits. Stattdessen gelte es zu fragen, »wie Leistung entsteht, gemessen und anerkannt wird, welche Leistung im Schatten liegt und warum Leistung so eine lustvolle Erfahrung sein kann«.[47]

Nur Narren behaupten, es gäbe nie und nirgendwo äußere Umstände, die einen daran hindern könnten, Leistung zu erbringen. Und nur Narren behaupten, Staat und Gesellschaft sollten nicht daran arbeiten, diese hinderlichen Umstände zu beseitigen. Die Geister scheiden sich erneut am »Wie«. Im Vergleich mit den bisherigen real existierenden rechts- oder linksradikalen sowie vormodernen Staatsformen schneidet die moderne liberale Demokratie im Verbund mit de facto ziemlich diversen kapitalistischen Wirtschaftsformen nicht so übel ab. Eher hat man das Gefühl, dass die Bewohner heutiger Wohlstandszonen vergessen haben, wie prekär und grausam die Verhältnisse in der jüngeren Vergangenheit noch waren. Selbst denjenigen, denen es heute am Schlechtesten geht, geht es meist besser als denjenigen, die früher am Schlechtesten dran waren. Eine solche Feststellung als »weißen« Legitimations- oder Ablenkungsdiskurs abzutun, wäre billig. Und schon gar nicht ist das Lob der Leistung und des Werts der Arbeit »rechts«. Dem rassistischer Stereotypen nicht gerade abholden Karl

Marx zumindest, auf den sich sogar die Black-Lives-Matter-Mitgründerin Patrisse Cullors beruft (ohne deshalb automatisch zur hartgesottenen »Marxistin« zu werden, wie ihre rechten Kritiker behaupten), wäre das absurd vorgekommen. Ein Problem stellt nicht die Meritokratie als solche dar. Sie wird erst dann zum Problem, wenn sie mit der Menschenwürde verpanscht wird – nur wer Erfolg hat, hat Würde – oder wenn ihre Verfechter bei der Umsetzung das Versprechen nicht einlösen, Arbeit, Einsatz, Leistung würden sich lohnen. Überall dort, wo Meritokratie gepredigt, aber die Leistung der Arbeitenden nicht belohnt wird – etwa dort, wo ererbtes, nicht in Unternehmen gebundenes Vermögen tiefer besteuert wird als Arbeitslohn; oder dort, wo sich Arbeit aufgrund hoher Abgabenlast nicht rechnet –, ist Widerstand geboten. Aber überall dort, wo sie funktioniert, sollte sie gelobt werden. So sagt Frankreichs Bildungsminister Pap Ndiaye über seinen Werdegang: »Ich bin ein reines Produkt der republikanischen Meritokratie.«[48] Ndiaye ist ein Politiker, der zwar die Ziele der Woke-Bewegung unterstützt, sich aber gegen deren »moralisierende oder sektiererische Diskurse« verwehrt.[49] Auch betont der »schwarze« Universitätsprofessor, er und seine in einem bildungsbürgerlichen Haushalt aufgewachsene Schwester hätten in ihrer Jugend, als der französische Universalismus noch nicht in Frage gestellt worden sei, keinen Rassismus erlebt: »In unserem ruhigen, kleinbürgerlichen [petite classe moyenne] Vorort gab es keinen Rassismus«, sagt seine Schwester, die erfolgreiche Schriftstellerin Marie NDiaye (vergleiche auch Fola Dadas Erinnerungen an ihre Kindheit und Jugend im süddeutschen Korntal, Kapitel 10).[50] Seines »Schwarzseins« wurde Pap Ndiaye erst in den USA gewahr – im globalen Machtzentrum woker Diskursproduktion, deren Erzeugnisse in Europa fleißig kopiert werden.

Vielschichtige, ambivalente Perspektiven wie die der NDiaye-Geschwister werden in aktivistischer und lobbyistischer Literatur oft unterschlagen, um maximale Wirkung zu erzielen. Doch diese

Wirkung produziert mehr neue Probleme, als sie alte Probleme löst. Sie ist wie eine Feuerwehr, die, um einen Hausbrand zu löschen, den nächstgelegenen Staudamm sprengt und die ganze Stadt flutet. Eine solche Sprengung erlebt man im Buch »Understanding White Privilege: Creating Pathways to Authentic Relationships Across Race« der Diversity-Beraterin Frances Kendall, die noch extremer als DiAngelo postuliert: »Für mich ist jeder von uns, der ein Rassenprivileg hat – und das haben alle Weißen –, und daher die Macht, seine Vorurteile in Gesetze zu fassen, per definitionem ein Rassist, denn wir profitieren von einem rassistischen System.«[51] Kendall verweist hier explizit auf die Ebene des Rechts und der Macht. »Weiß« bedeutet für sie, die Gesetze bestimmen zu können. Es erübrigt sich im Grunde, aufzuzählen, wen Kendall damit alles ausgrenzt. Etwa viele »weiße« Behinderte, »weiße« Flüchtlinge oder selbst »weiße« Arbeitsmigranten wie mich, der seit 13 Jahren in einem Land lebt, in dem er zwar Steuern zahlen muss, aber nicht wählen darf. Zwar steht auch Kendalls Buch im US-amerikanischen Kontext und die Definition ist eine persönliche der Autorin. Das macht den dogmatischen Charakter der Aussage jedoch nicht besser. Kendalls Argumentation hat zudem eine methodische Dimension, die weit über den geografischen Zusammenhang und das Persönliche hinausgeht.

Zum einen, was die Formulierung »alle Weißen« betrifft, die eine kolossale Form der Regression darstellt und suggeriert, man könne »weiß« überhaupt von anderen Identitätsaspekten trennen. Niemand achtet nur auf die »Ethnie«, sondern immer auch auf das Alter, das Geschlecht, die Bildung, den Kontostand und so fort. Der demokratische US-Senator Cory Booker gebrauchte eine ähnlich irreführende Formulierung, als er 2022 behauptete, die für den Obersten Gerichtshof der USA nominierte Juristin Ketanji Brown Jackson habe »doppelt und dreifach so hart gearbeitet habe wie jeder weiße Mann, um es als Frau und Afroamerikanerin so weit zu schaffen wie sie«.⁵² So einfach ist es nicht. Jackson stammt aus einer gebildeten Mittelklassefamilie. Ihr Vater war Justiziar, ihre Mutter Schulleiterin. Inwiefern sind diese ihre Startbedingungen zwingend härter als etwa die eines Sohnes einer bildungsfernen, verarmten »White Trash«-Familie? Booker ist ein gutes Beispiel dafür, was Ausdrücke wie »weiß« oder »schwarz« in der konkreten Kommunikationspraxis anrichten, wenn sie nicht differenziert und historisierend gebraucht werden. Jackson ist zu ihrer Nominierung und zu ihrer Ernennung im April 2022 zu beglückwünschen. Sie ist kompetent. Das ist, was zählt. Politisiert ist die Richterwahl in den USA sowieso. Man sollte die wichtige und richtige Intersektionalitätstheorie, mithin den Einbezug mehrerer Faktoren in Analyse und Urteilsfindung, nicht auf dem Altar reflexhafter Urteile opfern, um die eigenen Peergroups bei Laune zu halten. Dafür braucht es noch nicht einmal eine Theorie, sondern vor allem eine wache, offene, neugierige Herangehensweise und neben soziologischen auch psychologische Einsichten. In einem Beitrag über die Hardcore-Gitarristin Reba Meyers (Code Orange) für seinen Podcast »Hardcore Humanism« schreibt der klinische Psychologe und Metal-Sänger Dr. Mike: »Solange wir nicht alles über eine Person wissen – wie sie veranlagt ist, was sie durchgemacht hat und was sie erreichen will –, sind wir nicht in der Lage zu beurteilen, zu kritisieren oder zu beschämen.«⁵³ Genau so ist es. Bezeichnenderweise singt Meyers im Song »Underneath«: »Du hast alles durchschaut / Bis du darin ertrinkst / Du denkst, du weißt, wer du bist / Bis du unter Zwang stehst / Du hast alles durchschaut / Bis du unter die Haut gehst.«

Zum anderen, wenn Kendall behauptet: Wer, auch unfreiwillig, von etwas profitiert, *ist* das, wovon er profitiert. Warum diese Zuspitzung? Es würde genügen zu sagen: *Bestimmte* »Weiße« profitieren *in bestimmten Hinsichten* von Vorbedingungen, in die unter anderem rassistische Elemente eingeflossen sind. Strukturell vergleichbar profitieren in China Han-Chinesen von bestimmten Vorbedingungen oder Verwandte der Königsdynastie der Alawiden in Marokko. Dadurch wird man nicht automatisch zum Ismus-Vertreter. Man wird nicht »istisch«. Ersetzt man »weiß« in Kendalls Satz etwa durch »liberal«, »christlich«, »ökologisch« oder »feministisch«, wird die Unzulänglichkeit ihrer Behauptung klar. Da mit »weiß« erklärtermaßen nicht oder nicht nur die buchstäbliche, biologisch verstandene Hautfarbe gemeint ist, sind die Vergleiche statthaft.

Wenn ich in einem liberalen System lebe und davon profitiere, bin ich deshalb nicht zwingend »liberalistisch«. Gerade ein tolerantes, liberales System könnte mir als Rückzugsort für meinen religiösen Fundamentalismus dienlich sein. Wenn ich in einer christlichen Gemeinde lebe, christlich getauft bin und von christlicher Nächstenliebe profitiere, bin ich dadurch nicht automatisch christlich. Wenn ich in einem System lebe, das Umweltschutzgesetze verabschiedet, profitiere ich zwar von ihnen, bin deshalb aber noch lange kein Umweltschützer. Stellte man sich ein radikalfeministisches System vor, in dem nur Frauen das Sagen hätten, so ließe sich Kendalls Satz wie folgt umschreiben: »Für mich ist jede von uns, die ein Geschlechtsprivileg hat – und das haben alle Frauen –, und daher die Macht, ihre Vorurteile in Gesetze zu fassen, per definitionem eine Feministin, denn wir profitieren von einem feministischen System.« Auch hier gilt: Von einem »Ismus« zu profitieren, macht einen noch nicht »istisch«. Rassistisch *sein* und unfreiwillig, unwillentlich oder unausweichlich von »Strukturen«, die unter anderem von Rassismus geprägt wurden, *profitieren* ist nicht dasselbe. Polemisch gesagt: Von einer intelligenten Struktur zu profitieren bedeutet noch lange nicht, dass man intelligent ist.

Kendalls Satz läuft darauf hinaus, dass das Strukturelement identisch mit der Struktur ist. Das eigensinnige Individuum hat darin keinen Platz mehr. Hier liegt eine übersteigerte Variante des angesichts konkreter Erfahrungen mit dem Faschismus der 1930er- und 1940er-Jahren entstandenen Adorno-Diktums »Es gibt kein richtiges Leben im falschen« vor. Dieser historische Kontext ist bei Adorno entscheidend. Auf das Leben in liberalen, pluralistischen Demokratien, und seien sie noch so mangelhaft, lässt sich sein Aphorismus schwerlich übertragen. Gäbe es in liberalen Demokratien kein richtiges Leben im falschen, so könnte sich das falsche Leben niemals verändern. In der Welt der heterosexistischen Schlagermusik hätte die Lesbe Kerstin Ott dieser Logik zufolge niemals zum Star werden können. Doch in genau dieser Welt ist Kerstin Ott zum Star geworden. Und längst hat der angebliche Gegenpol zum Hetero-Sexsymbol Helene Fischer mit ebendieser duettiert.

Wer wie DiAngelo und Kendall Ideologie auf ideologische Weise bekämpft, tut sich selbst keinen und dem politischen Gegner einen großen Gefallen. Die verabsolutierte Teilwahrheit ist das Grundmuster radikaler Ideologie und basiert auf einem simplistischen Syllogismus: Alle »Weißen« sind privilegiert (Obersatz). Person X ist »weiß« (Untersatz). Also ist Person X privilegiert (Konklusion). Oder: Alle »Weißen« sind privilegiert (Obersatz). Person X ist privilegiert (Untersatz). Also ist Person X »weiß« (Konklusion). Wenn die Prämisse im Obersatz falsch oder nur teilweise zutreffend ist, dann ist es die Konklusion auch. Und wenn die Begriffe als solche semantisch unscharf sind, lädt der Syllogismus zu Willkür ein. Wo beginnt, wo endet »weiß«? Wer gilt wo als »weiß« und wer nicht? Wer bestimmt, was »weiß« ist und was nicht? Und was ist mit den »mixed-race people«, die Mithu M. Sanyal in ihrem so klugen wie unterhaltsamen Roman »Identitti« ins Zentrum rückt? Vielleicht twitterte die Autorin Ayishat Akanbi deshalb im Jahr 2020: »Ich persönlich würde ›White Fragility‹ weder lesen noch empfehlen.«[54] Natürlich, nachdem sie »White Fragility« gelesen hatte.

»Nennt mich niemals einen Selfmademan.«
Privilegien und Individualismus

DiAngelos essenzialistische, aus US-amerikanischer Sicht formulierte und zugleich auf den ganzen »Westen« bezogene Verknüpfung von »weiß«, »privilegiert« und »individualistisch« übersieht einen wichtigen Punkt. Gerade die Kritik am und der Kampf gegen den Individualismus sind, um in DiAngelos Terminologie zu bleiben, ein historisch »weißes« Projekt. Die krassesten Formen modernen illiberalen Kollektivismus' sind faktisch Erfindungen von »Weißen«, ob unter rechten oder linken Vorzeichen, ob in Theorie oder in Praxis. In Gestalt sozialistischer oder nationalistischer Ideologien und mehr noch politischer Praxis wurden sie zu internationalen Exportschlagern; antiindividualistische Ideologie prägte die totalitären Exzesse in west- und osteuropäischen Staaten des 20. Jahrhunderts. Die USA waren und sind auch ein Versuch, wenngleich ein vielfach makelbehafteter und schuldbeladener, den Kollektivismus hinter sich zu lassen.

Schon Georg Wilhelm Friedrich Hegel, ein wichtiger Stichwortgeber von Karl Marx und Friedrich Engels, schrieb in seinen »Grundlinien der Philosophie des Rechts«: »*Was* der Mensch tun müsse, *welches* die Pflichten sind, die er zu erfüllen hat, um tugendhaft zu sein, ist in einem sittlichen Gemeinwesen leicht zu sagen, – es ist nichts anderes von ihm zu tun, als was ihm in seinen Verhältnissen vorgezeichnet, ausgesprochen und bekannt ist.«[55] Hegel entwickelt in seiner Schrift einen starken Begriff der positiven Freiheit in Abgrenzung zur negativen, traditionell individualistisch, liberal oder libertär verstandenen Freiheit. Freiheit ist für Hegel nicht Freiheit *von*, sondern Freiheit *zur* Gesellschaft. Auf dieses Verständnis berief sich auch der US-Präsident John F. Kennedy, als er 1961 in seiner Antrittsrede sagte: »Frage nicht, was dein Land für dich tun kann – frage, was du für dein Land tun kannst.«

Rassistische Elemente – nicht aber ein geschlossenes rassistisches System – findet man bei Hegel trotz seiner individualismuskritischen Position, das gleiche trifft auf Marx und Engels zu. Wie passt das mit DiAngelos Individualismustheorie zusammen? Warum assoziiert sie Individualismus nur mit Rassismus, statt auch mit der Kritik am Kollektivismus? Und wie kann es sein, dass in den angeblich hyperindividualistischen und deshalb sozialstaatfeindlichen USA der Anteil der öffentlichen Nettosozialausgaben am Bruttoinlandsprodukt sogar höher ist als in Kanada? In ihrem Buch »Sozialpolitik in den USA« kommen Britta Grell und Christian Lammert durch empirische Untersuchungen zu einem differenzierten Schluss: Zwar schneiden die USA bei den Umverteilungskapazitäten »eindeutig schlechter ab als alle anderen nordamerikanischen und auch westeuropäischen Länder«. Doch »unter Berücksichtigung der privaten Aufwendungen für sozialpolitische Zwecke und unterschiedlicher Schwerpunktsetzungen« lasse sich »von einer gewissen Konvergenz hinsichtlich der Ausgabenniveaus« sprechen. Kurz gesagt: »Der US-Wohlfahrtsstaat ist größer und vor allem teurer als gemeinhin angenommen.«[56] Diese Fakten könnte man zumindest berücksichtigen, wenn von Individualismus, Privilegien und Exklusion – bei DiAngelo: »White Solidarity« – in den USA oder in Europa die Rede ist.

Auch die antiautoritäre Version von Kommunismus und Sozialismus, der Anarchismus, hadert in ihren kollektivistischen Ausprägungen mit dem Individualismus. So schrieb der russische Adelige, Autor und anarchistische Aktivist Pjotr Alexejewitsch Kropotkin 1902 in seinem epochemachenden, angesichts wachsender staatsautoritärer Tendenzen gerade heute wieder lesenswertem Werk »Gegenseitige Hilfe in der Tier- und Menschenwelt«: »Die Usurpation aller sozialen Funktionen durch den [modernen westlichen] Staat musste die Entwicklung eines ungezügelten, geistig beschränkten Individualismus begünstigen. Je mehr die Verpflichtungen gegen den Staat sich häuften, umso mehr wurden offenbar die Bürger ihrer Verpflichtungen gegeneinander entledigt.«[57] Der Grundkonsens der Moderne, ob in Wissenschaft, Recht oder Politik, besteht für Kropotkin darin, dass man annehme, der Individualismus könne »in seinen schneidendsten Wirkungen durch Wohltätigkeit mehr oder weniger gemildert werden«, während er als »die einzige sichere Grundlage für die Erhaltung der Gesellschaft und ihren weiteren Fortschritt« unhinterfragt bleibe.[58]

Kropotkins Ausführungen scheinen DiAngelos Individualismusthese auf den ersten Blick zu bestätigen. Doch Kropotkin und verwandte Denker sind ja gerade integraler Teil der von ihnen kritisierten europäischen Moderne. Inspiriert hat der Anarchismus auch den US-amerikanischen Transzendentalismus und dessen Skepsis gegenüber der Obrigkeit. Individualismus und Kollektivismus sind somit die zwei Seiten einer Medaille. Wer in einem modernen westlichen Rechts- und Sozialstaat lebt, weiß, dass Individualismus und individuelle Freiheit vielleicht als Mythos existieren, in der Realität aber von einem alles durchdringenden System der Gesetze, Regeln, Vorschriften, Standardisierungen und Bemühungen um »Mainstreaming« eingehegt werden, nicht nur durch »Wohltätigkeit«. Die »einzige sichere Grundlage für die Erhaltung der Gesellschaft« ist gerade nicht der Individualismus an und für sich, sondern sein Zusammenspiel mit der rigiden modernen Sozialkybernetik. Doch umfassende Normierung, Verrechtlichung, Verstaatlichung, Regulierung sowie linker und rechter Kollektivismus als »weiße« Projekte spielen in DiAngelos Buch keine Rolle; sie passen wohl nicht zur These, die bestätigt werden soll.

Dieser blinde Fleck ist merkwürdig. Denn nicht nur Individuen, sondern auch – und mehr noch – Kollektive zu untersuchen, ist ja gerade die Kernaufgabe jener im 19. Jahrhundert entstandenen »weißen« Disziplin, die DiAngelo vertritt: der Soziologie. Deren »weiße« Vertreter interessieren sich seit jeher für die wechselseitige Hervorbringung von Masse und Individuum, man denke nur an Georg Simmel oder Max Weber. Ihre »Generalisierungen« sind es, mit Hilfe derer moderne Staaten sich organisieren und sozialkybernetisch optimieren; ihre »Generalisierungen« sind es, die heute in der Kritischen Theorie aufgegriffen und weiterentwickelt werden. Während die differenzierten soziologischen Einsichten in die Dialektik von Individuum und Masse weiterhin Gültigkeit haben – kurz gesagt: je standardisierter das durchorganisierte Ganze, desto pluraler die Lebensstile, zumindest in ihrer Oberflächenästhetik –, hat die rassistische Generalisierung für integre Theoretiker und Praktiker aus guten Gründen ausgedient.

Der westliche Rassismus privilegiert(e) keineswegs pauschal das (»weiße«) Individuum, sondern raubt(e) Individuen im Gegenteil ihre Einzigartigkeit. Rassismus bedeutet: Wie individuell du dich auch fühlst und auftrittst, wie individuell du auch denkst und handelst, du repräsentierst stets deine Rasse. Und aus dieser Repräsentation gibt es keinen Ausweg. Vor diesem Hintergrund kann man nicht einfach behaupten: Der »weiße« Westen ist rassistisch und huldigt (also) dem Individualismus! Nein, der »weiße« Westen war und ist in Teilen rassistisch, *weshalb* er den Individualismus bekämpft(e). Und innerhalb des Westens selbst bestanden gewaltige Unterschiede, wer wo als Individuum gelten durfte.

In einem 1944 veröffentlichten autobiografischen Essay beschreibt der afroamerikanische Bürgerrechtler W. E. B. Du Bois, wie er – ausgerechnet! – im Berlin der Kaiserzeit als Individuum unter Individuen wahrgenommen wurde. Von 1892 bis 1894 studierte Du Bois in der Hauptstadt des Deutschen Reiches mit einem Stipendium an der Friedrich-Wilhelms-Universität, der heutigen Humboldt-Universität: »[Meine Mitstudenten] hielten sich nicht damit auf, mich als Kuriosität oder etwas Untermenschliches wahrzunehmen; ich war einfach ein Mann des etwas privilegierten studentischen Ranges, mit dem sie sich gern trafen und über die Welt unterhielten, insbesondere über den Teil der Welt, aus dem ich kam. Zu meiner Freude stellte ich fest, dass sie wie ich Amerika nicht als den Gipfel der Zivilisation betrachteten. Ja ich empfand eine gewisse Genugtuung, als ich erfuhr, dass die Universität Berlin nicht einmal einen Abschluss der Harvard University anerkannte, ebenso wenig wie einen der Fisk University.«[59] Du Bois wird heute meist im Zusammenhang mit unsichtbaren Privilegien erwähnt. Doch aus seinen Schriften lässt sich mehr über Privilegien lernen. Der eben zitierte Ausschnitt zeigt, dass in Neuzeit und Moderne nicht nur »Weiße« Individuen sein durften, während »Nichtweißen« dieses »Privileg« nicht zuteilwerden konnte. Unter »weißen« Akademikern in Berlin galt der gebildete Du Bois als Individuum, dem man auf gleicher Augenhöhe begegnete; wie wäre es dort einem »weißen« Arbeiter ergangen?

In Deutschland stellte der Bismarck-Bewunderer (»my hero«) Du Bois fest, dass »weiß« nicht gleich »weiß« ist. Er traf Studenten aus Frankreich, Belgien, Russland, Italien und Polen. Alle brachten unterschiedliche Erfahrungen und Perspektiven mit. Aus den USA stammend, war es Du Bois gewohnt, als »Schwarzer« rassifiziert zu werden, sodass er rassistische Vorurteile für universell hielt. Er gewahrte sie deshalb, stellte er selbstkritisch fest, auch dort, wo es sie gar nicht gab – etwa auf einer touristischen Dampferfahrt von Rotterdam den Rhein hinunter: »Als ich also auf diesem kleinen Dampfer eine holländische Dame mit zwei erwachsenen Töchtern und einer zwölfjährigen Tochter sah, versuchte ich, so viel Platz zwischen uns zu schaffen, wie das kleine Schiff zuließ. Aber das war nicht viel, und die angeborene Erziehung [innate breeding] der Dame ließ noch weniger zu. Bevor wir das Ende unserer Reise erreichten, waren wir glückliche Gefährten, lachten, aßen und sangen zusammen, sprachen Englisch, Französisch und Deutsch, besuchten paarweise, wenn der Dampfer anhielt, die schönen deutschen Burgenstädte und benahmen uns wie normale, wohlerzogene Menschen. Mit Tränen in den Augen winkte ich ihnen allen in den feierlichen Gewölben des Kölner Doms zum Abschied nach.«[60]

Du Bois Erinnerungen sind lehrreich. Je umfangreicher und präziser die empirischen Grundlagen, desto gerechter können Aktivismus und Politik werden. Wissenschaft und Theorie sollten höhere Ansprüche erfüllen als die Schriften der Soziologin DiAngelo, die sich oft an Pappkameraden abarbeitet. So behauptet sie nicht nur, »Weiße« verteidigten pauschal den Individualismus, sondern auch, die offenbar keiner weiteren Präzisierung bedürftige »Ideologie des Individualismus« basiere auf der Annahme, Hautfarbe, Klasse und Geschlecht spielten keine Rolle für den persönlichen Erfolg. Die »Ideologie der Objektivität« wiederum rede den Menschen ein, es sei möglich, sich von allen Vorurteilen zu befreien. Mal bezieht sich die Autorin selektiv auf Theorien, mal auf nicht näher spezifizierte »White People«, mit denen sie irgendwann gesprochen habe, mal auf Strukturen als unbewusste ideologische Voreinstellungen. Mal geht es um »die« USA, mal geht es um »den« Westen. Alles hängt mit allem zusammen! Dabei wäre es doch so einfach: Nicht »Objektivität« ist das gemeinte Problem, sondern die so einflussreiche wie einfältige Weltanschauung des *Objektivismus*. Entwickelt hat diese Weltanschauung die libertäre US-amerikanische Schriftstellerin Ayn Rand im 20. Jahrhundert. Vor allem wirtschaftsliberale Kreise haben sie begierig aufgesogen. Zu ihrem milieuspezifischen Erfolg beigetragen haben dürfte vor allem die Einfachheit ihrer Fundierung, die bestens zu einer Zeit der Quick-&-Easy-Self-Help-Ratgeber passt: »1. ›Um der Natur zu befehligen, muss man ihr gehorchen‹ oder ›Wünschen wird es nicht so machen‹ [im Sinne von ›die objektive Wirklichkeit ist kein Wunschkonzert‹, Anm. d. Autors]; 2. ›Sie können Ihren Kuchen nicht essen und ihn auch haben‹; 3. ›Der Mensch ist ein Selbstzweck‹; 4. ›Gib mir Freiheit oder gib mir den Tod.‹«[61] Der Name Ayn Rand aber fällt nicht in *White Fragility*. Und hartnäckig heißt es im englischsprachigen Originaltext »objectivity« statt »objectivism«. DiAngelo ist es also nicht darum zu tun, Probleme zu (er)klären, Ursachen zu identifizieren, Verantwortliche zu benennen. Vielmehr stimmt sie ein dunkles Raunen an und bläst etwas Konkretes und Spezifisches zur diffusen, sippenhaftförderlichen, Jahrhunderte und Kontinente umspannenden »westlichen Ideologie der Objektivität« auf.

Was DiAngelo hätte schreiben können, ist: Das Problem sind Opportunisten-Karrieristen und ihre Gefolgschaft, die sich auf ähnlich unreflektierte und vulgarisierte Weise auf »die« Individualität oder »die« Objektivität berufen wie amerikanische TV-Prediger auf »das« Christentum oder asiatische Diktatoren auf »den« Kommunismus. In Robert Musils Roman »Der Mann ohne Eigenschaften« heißt es treffend: »Es gibt schlechterdings keinen bedeutenden Gedanken, den die Dummheit nicht anzuwenden verstünde.«[62] Man sollte in diesem Sinne nicht die Erfinder des Messers mit Messerstechern verwechseln. DiAngelo hätte genügend Beispiele dafür finden können, dass »Weiße« fordern, Hautfarbe, Klasse und Geschlecht *sollten* keine Rolle spielen (siehe weiter unten die Ausführungen zu Kontroversen über »Whiteness« in der Hardcore- und Punkszene). Nicht der Ist-, sondern der Sollzustand ist gemeint. Zudem blendet DiAngelo soziale Dynamiken aus. Die Verhältnisse ändern sich. Sogar Arnold Schwarzenegger, der wie kein anderer für den amerikanischen Traum und die Meritokratie steht, sagte 2017 in einer Rede an der Universität von Houston: »Ich sage den Leuten immer, ihr könnt mich nennen, wie ihr wollt. Ihr könnt mich Arnold nennen. Ihr könnt mich Schwarzenegger nennen. Ihr könnt mich die österreichische Eiche nennen. Ihr könnt mich Schwarzy nennen. Ihr könnt mich Arnie nennen. Aber nennt mich niemals, niemals einen Selfmademan. Es ist sehr wichtig, dass ihr das versteht. Ich habe es nicht aus eigener Kraft so weit gebracht. Ich meine, diese Auszeichnung oder jene Medaille anzunehmen, würde jeden einzelnen Menschen, der mir geholfen hat, es bis hierher zu bringen; jeden, der mir Ratschläge gegeben hat, der sich für mich eingesetzt hat, der mir aufgeholfen hat, als ich gefallen bin, herabsetzen. Und es würde den falschen Eindruck erwecken, dass wir alles allein schaffen können. Keiner von uns kann das. Das ganze Konzept des Selfmademans oder der Selfmadewoman ist ein Mythos.«[63] Schwarzenegger fördert bereits seit 1991 mit dem Programm »After School All Stars« benachteiligte Kinder, die Mehrheit davon aus afroamerikanischen Haushalten, durch nachschulische Betreuungsangebote.

DiAngelo hätte auch viele Beispiele dafür finden können, dass selbst- oder fremdernannte »Weiße« fordern, man solle Vorurteile *reflektieren* – ein Verweis auf die Hermeneutik wäre ein Schritt in die richtige Richtung – und *versuchen*, Objektivität im Sinne eines nicht-nur-individuellen, also auch für andere akzeptablen oder gar überzeugenden Urteils *anzustreben*. Objektivität kann als Brandmauer gegen Willkür, Gruppenzwang, identitäre Illusionen und vulgären, narzisstischen Individualismus errichtet werden. Dazu bemerkte der Philosoph Philipp Hübl im Jahr 2022 überzeugend: »Sobald es ... um unsere moralische Identität geht, also um unsere Werte und Normen, fällt es uns schwer, die Fakten zu erkennen. Die eigene Moral und die Gruppenzugehörigkeit sind uns dann wichtiger als die Wahrheit. Der einzige Ausweg aus diesem ideologischen Denken liegt daher in der Erkenntnis, dass wir fehlbare Wesen sind, die sich hin und wieder irren, also die Wahrheit verfehlen. Daher brauchen wir den Begriff der objektiven Wahrheit, denn sonst könnten wir gar nicht sagen, was Irrtum, Unfug, Lügen und Fake News sind.«[64] Objektivität nur mit Herrschaftsdiskursen und der Sicherung von Privilegien, also basalen Machtinteressen, in Verbindung zu bringen, ist deshalb unredlich. Individualismus wiederum kann, wie ich oben ausgeführt habe, nicht einfach aus US-amerikanischer Perspektive als Legitimationsdiskurs »weißer« Privilegierter verallgemeinert werden. Individualismus hat eine vielfältige Geschichte. Er ist unter anderem antitotalitär begründet, geht mit dem Anarchismus Max Stirners oder Benjamin Tuckers einher, speist sich aus traumatischen Erfahrungen mit Sekten und organisierter Religion. Sogar der Kulturhistoriker Jacob Burckhardt, der durchaus zur Verklärung des Individuums beitrug, untersuchte letzteres nicht als überzeitliches Vorbild, sondern in dynamischen Kontexten, die Individualität mal verhinderten, mal ermöglichten: »Für Burckhardt begünstigte der Zusammenbruch des heidnischen Individualismus die Konsolidierung des Christentums im vierten Jahrhundert. Im Italien der Renaissance kehrte sich der Prozess um; der Niedergang des mittelalterlichen Christentums, begleitet von einem neuen Interesse an der klassischen Antike, ermöglichte den Aufstieg des modernen Individuums.«[65]

Das Individuum ist bei Burckhardt nicht aus der empirischen Realität entrückt. Es ist auch nicht per se »gut«, sondern ein ambivalentes Wesen. Brutalität und Genialität, Freiheit und Amoralität kennzeichnen laut Burckhardt den neuzeitlichen und modernen Individualismus. Auch Objektivität erscheint in Burckhardts Schriften nicht einfach als zu erstrebendes Ideal, sondern als zweischneidiges

Schwert. Die Französische Revolution etwa lehnte der Konservative Burckhardt ab, gerade *weil* sie aus seiner Sicht die Absolutsetzung von Objektivität, eine Tyrannei der Vernunft, und damit Entfremdung, Profanierung, Atomisierung, letztlich auch die Unmöglichkeit wahrer Subjektivität bedeutete.

Objektivität ist somit auch hier keine genuin positive »weiße« Ideologie, sondern eine seit jeher im »Westen« unter »Weißen« umstrittene, wovon die Kulturkritik der Romantik um 1800 ebenso zeugt wie die *Science Wars* der 1990er-Jahre. Vergleichbar mit Individuum, Individualität und Individualismus sind Objekt, Objektivität und Objektivismus Potenziale und Probleme, die aus unterschiedlichen Blickwinkeln in unterschiedlichen Zeiten auf unterschiedliche Weise diskutiert und ja, auch instrumentalisiert oder trivialisiert werden.

Gerade ihrem ideologischen Selbstverständnis nach »weiße« Rechtskonservative sahen im 19. und frühen 20. Jahrhundert Individualismus und Liberalismus als zersetzende Kräfte an. Liberalismus und Individualismus, das bedeutete für sie Atomisierung. Menschsein, das bedeutete In-der-Gruppe-sein. Die Neue Rechte des 20. und 21. Jahrhunderts teilt diese Haltung. Ihr Vordenker, der Gründer des Thinktanks Groupement de Recherche et des Etudes pour la Civilisation Européenne (GRECE) Alain de Benoist stuft den Individualismus als »Deformation« des Respekts für Individuen ein.[66] Im Paganismus, mit dem er sich identifiziert, sei das Individuum untrennbar mit seiner Abstammung verbunden.[67] De Benoists Buch »Gegen den Liberalismus« (2021) basiert auf der Annahme, heutige westliche Gesellschaften würden vom »Kult des ›freien Individuums‹« geschwächt. Bereits de Benoists und Charles Champetiers »Manifeste pour une renaissance européenne: à la découverte du GRECE: son histoire, ses idées, son organisation« (2000) stellt fest: Hauptfeind der Neuen Rechten ist der Liberalismus. »In seinen wirtschaftlichen, politischen und moralischen Formen bildet der Liberalismus den zentralen Teil einer Moderne, die sich überlebt hat. Damit ist er das Haupthindernis für alles, was darüber hinausgehen will,« schreiben de Benoist und Champetier.[68] Aus Sicht der Neuen Rechten und ihrer älteren Stichwortgeber sind Liberale degenerierte Privilegierte und wankelmütige Schwächlinge, die mit hegemonialen Diskursen und Tricksereien ihre Pfründe sichern.

Aktuell tragen der russische Nationalist Alexander Geljewitsch Dugin und seine Anhänger die illiberale Ideologie bis in die höchsten Kreise russischer Politik. In vielen seiner Reden – und Handlungen – beruft sich Wladimir Putin implizit auf sie. Bei Dugin klingt das so: »Der Liberalismus ist eine ebenso überholte, grausame und menschenfeindliche Ideologie wie die beiden vorhergehenden. Der Begriff ›Liberalismus‹ sollte mit den Begriffen Faschismus und Kommunismus gleichgesetzt werden. Der Liberalismus ist für nicht weniger historische Verbrechen verantwortlich als der Faschismus (Auschwitz) und der Kommunismus (GULag): Er ist verantwortlich für die Sklaverei, die Vernichtung der amerikanischen Ureinwohner in den Vereinigten Staaten, Hiroshima und Nagasaki, für die Aggression in Serbien, Irak und Afghanistan, für die Verwüstungen und für die schändlichen und zynischen Lügen, die diese Geschichte beschönigen.«[69] Aus Dugins Sicht kanalisiert der moderne Liberalismus »die Leidenschaft ausschließlich in die Bereiche Wirtschaft und Geschäftsleben und schafft so eine privilegierte Gesellschaft, die einen ganz bestimmten Typus von Individuum fördert«.[70] Diesen Typus nennt er im Rückgriff auf den Soziologen Yuri Slezkine »merkurianisch«. Mit diesem Begriff charakterisiert Slezkine die Juden im Sinne von »flüssig wie Quecksilber«. Von welchen Gruppen solche Charakterisierungen begierig aufgesogen werden, kann man sich denken. Von hier ist nur ein kurzer Weg zum altbekannten »jüdisch-nomadisch-wurzellos«. Putin schließlich spricht ganz im Geiste Dugins davon, dass »die liberale Idee ... ausgedient« habe;[71] dass »fast überall ... wo die USA hingehen, um ihre Ordnung durchzusetzen, blutige, nicht heilende Wunden, Eiterbeulen des internationalen Terrorismus und Extremismus zurückbleiben«; dass die »faschistische« Ukraine »entnazifiziert« werden müsse«.[72] Und weil die Bolschewiki die »Verhöhnung der nationalen Geschichte, der Traditionen und des Glaubens ... durchzusetzen versuchten«, führt für ihn kein Weg zurück in die Sowjetunion.[73] Also bleibt Putin nur ein autoritär-traditionalistischer Nationalismus plus Staatskapitalismus mit starken Männern wie ihm an der Spitze.[74]

Wenn nicht mit ihrem politischen Therapievorschlag, so doch mit ihrer Diagnose steht die alte und Neue Rechte nicht allein da. Zumindest in der Verachtung des Liberalen als etwas angeblich Kompromisslerischem, Vermittelndem, Indifferentem, Zersetzendem und Elitärem waren und sind sich die ideologischen Extreme an den linken, rechten, religiösen Rändern einig. So lassen sich ähnliche Liberalismuseinschätzungen wie bei Dugin und Putin auch unter Linksradikalen finden; insbesondere bei denen, die Verbrechen nicht-westlicher Autoritärer einseitig auf Versagen westlicher Eliten zurückführen (eine invertierte Form von westlichem Chauvinismus-Exzeptionalismus) und an Juden sowie den Staat Israel strengere Maßstäbe anlegen als an andere Gruppen und Staaten.

Vom Absolutismus der Neuzeit bis zum Totalitarismus der Moderne zieht sich das Band antiindividualistischer und damit implizit antiliberaler »weißer« Politik, mittels derer vielen Menschen die Individualität aberkannt oder als Scheinindividualität denunziert wurde. Das Gütesiegel »Individuum« kann und konnte willkürlich vergeben oder entzogen werden. Kulturchauvinistische Stereotypen sind eine logische Konsequenz daraus. Der Blick auf »weiße« Osteuropäer vom Westen aus ist ein weiteres Beispiel dafür. Die Art und Weise, wie osteuropäische Frauen von deutschen Machos entindividualisiert und sexualisiert werden, spricht für sich. Während es die deutsche »weiße« Frau zu schützen gilt, gelten »weiße« nichtdeutsche Frauen (im Plural!) in manchen Kreisen als Freiwild.

Als Reaktion auf sexistische Tweets während der im Februar 2022 eskalierenden Russlandkrise (à la »Würdet ihr im Falle einer Invasion ukrainische Flüchtlinge bei euch aufnehmen?« – »Dann kann ich ja gleich einen Puff aufmachen«) schrieb der Twitteraccount Polly Girl (@nomnomcookieez): »White privilege osteuropäischer Frauen ist wenn Dich deutsche Incels wenigstens in den Puff stecken und vergewaltigen wollen.«[75] Der US-amerikanische Autor Thomas Chatterton Williams twitterte im selben Zusammenhang mit dem Spott intellektueller Verzweiflung: »Eine Invasion der Ukraine durch Russland, das wäre zu viel der Gewalt von Weißen gegen Weiße.«[76] Kurz zuvor hatte sich Williams in einem anderen Tweet über die selektive Solidarität in Westeuropa gewundert: »In fast allen westeuropäischen Hauptstädten gab es enorme Massenproteste wegen der Ermordung von George Floyd, aber wenn es um eine russische Invasion eines anderen Landes geht? Njet.«[77] Es bedurfte erst eines Angriffskrieges mit unzähligen Toten, um die Menschen zumindest für kurze Zeit auf die Straße zu bringen. Schon die brutale Unterdrückung der Demonstrationen in Belarus im Jahr 2020 sorgte nur für wenige öffentliche Solidaritätskundgebungen in Ländern wie Deutschland, während im gleichen Jahr Abertausende gegen Polizeigewalt und Rassismus in den USA protestierten. Ein möglicher Grund für diesen blinden Fleck und die zögerliche Solidarisierung liegt auf der Hand: »Weiße«, so die von US-amerikanischen Colleges, politischen Fraktionen und NGOs aus verbreitete These, sind per se privilegiert, können also keine Opfer sein. Und wenn »Weiße« »Weiße« töten, dann töten sich Mitglieder einer privilegierten Gruppe gegenseitig.

Jewish Privilege?
Der essenzialistische Fehlschluss

Wie aber verhält es sich da mit dem organisierten Massenmord an den europäischen Juden durch die Nazis? Viele der europäischen Juden mochten sich ganz selbstverständlich als »weiße« Bürger gefühlt haben; in den USA, wohin viele Juden in den 1930er- und 1940er-Jahren flohen, definieren sich heute laut der Studie »Jewish Americans in 2020« (Pew Research Center) 92 Prozent der Juden als »weiß«.[78] Die Frage ist, ob sie sich auch so definieren würden, wenn sie gar nicht erst aufgefordert worden wären, sich mit einer Hautfarbe als Chiffre einer »Ethnie« zu identifizieren, wie es in den USA – leider – üblich ist. In jedem Fall ist die heute gängige Argumentation grotesk, die Nationalsozialisten hätten Juden ja nicht als »Weiße« definiert, weshalb der Holocaust der mantraartig vorgebrachten Behauptung »Es gibt keinen Rassismus gegen Weiße« (da letztere qua »Ethnie« privilegiert seien) nicht widerspreche. Wer das behauptet, übernimmt NS-Kategorien auf affirmative Weise, er bestätigt und verfestigt die menschenfeindlichen Rassenphantasmen der Nationalsozialisten. Ob Juden sich als »weiß« oder sonstwie identifizieren und was sie unter den Kategorien jeweils verstehen, ist überdies ihre eigene Sache, genauso wie es die Sache von »People of Color« ist, als solche bezeichnet zu werden oder eben nicht.

Tatsächlich sprachen die Nationalsozialisten Juden nicht nur die Gruppenzugehörigkeit »deutsch« oder »weiß« unter Zuhilfenahme biologistischer Ideologie ab, sondern auch ihren Status als Individuen. Nur als imaginierte homogene und privilegierte Gruppe (siehe oben Alexander Dugin) konnten sie pauschal als Bedrohung dargestellt werden. Rassifizierung ist Entindividualisierung. Rassifizierung, die Menschen in Gruppenkonstrukte einpfercht und evaluiert, verunmöglicht genau das, was der Bürgerrechtler Du Bois sich in Zeiten der Rassensegregation und der Lynchmorde an »Schwarzen« in den USA ersehnte: »Die Entfaltung der individuellen Persönlichkeit; das Recht auf Variation; den Reichtum einer Kultur, der in der Differenzierung liegt. In den Aktivitäten einer solchen Welt sind die Menschen nicht gezwungen, weiß zu sein, um frei zu sein: Sie können schwarz, gelb oder rot sein; sie können sich vermischen oder getrennt bleiben. (…) Allmählich wird eine solche freie Welt lernen, dass nicht in der Ausschließlichkeit und Isolierung Inspiration und Freude liegen, sondern dass gerade die Vielfalt das Reservoir unschätzbarer Erfahrungen und Gefühle ist. Diese Krönung der gleichberechtigten Demokratie in der künstlerischen Freiheit der Differenz ist der eigentliche nächste Schritt der Kultur.«[79]

Der NS-Staat war der Gegenentwurf zu einer solchen Gesellschaft. Und es blieb bekanntlich nicht beim Entwurf. Von oben herab – aber auch vom autoritätshörigen Mob – wurden die Juden, darunter auch deutsche Patrioten, die im Ersten Weltkrieg auf Seiten der Mittelmächte gekämpft hatten, zu Sündenböcken abgestempelt und in der Propaganda als zu Unrecht privilegierte Schicht denunziert: Juden seien per se reich und lebten auf Kosten anderer! Die Echos dieses propagandistischen Narrativs und seiner ideologischen Vorläufer hallen weiterhin nach. Noch im Sommer 2020 trendete der Hashtag #Jewishprivilege auf Twitter. Fürs eine Mal handelte es sich jedoch nicht um Ausdruck antisemitischen Ressentiments. Der Hashtag war vielmehr ein Akt der kulturellen Aneignung. Diesmal waren es Juden, die von ihren Erfahrungen mit Diskriminierung und Hass berichteten. So nahmen sie die weit verbreitete, mal antisemitische, mal angeblich philosemitische, in jedem Fall »allosemitische« (Zygmunt Bauman) Gleichsetzung von »jüdisch« mit »privilegiert« (alle Juden sind reich, gebildet, gut vernetzt) aufs Korn. In seinem Buch »Und die Juden?« schreibt der britische Komiker David Baddiel: »Wenn man auch nur ein kleines bisschen daran glaubt, dass Juden vermögend, privilegiert, mächtig und insgeheim Herrscher über die Welt sind ... nun ja, dann kann man sie nicht in den heiligen Kreis der Unterdrückten aufnehmen. Manche würden vielleicht sogar sagen, dass sie in den abscheulichen Kreis der Unterdrücker gehören.«[80]

Wie ich weiter unten zeigen werde, hat diese Einschätzung auch damit zu tun, dass sich viele Menschen unter Juden eben doch »Weiße« vorstellen. Und weil »Weiße« gemäß wirkmächtiger Antirassismustheorien per se privilegiert, also mächtig, sind, können sie nicht rassistisch diskriminiert werden. Mit bissigem Humor legt Baddiel seinen Finger in die Wunde dieses auf Hautfarbenkonstrukte fokussierten, angloamerikanisch geprägten Privilegienverständnisses: »Wenn man andeutet, Progressive könnten bewusst oder unbewusst eine Hierarchie des Rassismus unterhalten, in der antijüdischer Rassismus weniger bedeutsam ist als andere Arten von Rassismus, wird man von den Progressiven sehr schnell des Rassismus beschuldigt. Im schlimmsten Fall klingt bei diesem Vorwurf an, die Juden würden von einem typisch jüdischen (und damit ... weißen) Privileg Gebrauch machen, indem sie ständig auf dem ihnen angestammten Platz am oberen Ende der Rangordnung des Leids beharrten.«[81]

Es ist instruktiv, sich mit den Genealogien des Topos »Jewish Privilege« auseinanderzusetzen. Sie zeigen, wie vorsichtig man den Begriff »Privileg« gebrauchen sollte. Weil Juden in Neuzeit und Moderne bestimmte Privilegien – das heißt: keine schwammigen Vorteile, sondern kodifizierte Sonderrechte – gewährt worden waren, wurde der Mythos konstruiert, alle Juden seien privilegiert.[82] Doch fragliche Privilegien wurden nicht einfach »den Juden« gewährt, sondern, meist aus machttaktischen Gründen, erst ausgewählten Einzelnen (etwa den »generalprivilegierten Juden« am preußischen Hof), dann kleineren Gruppen, dann erst größeren – und regelmäßig wurden sie, wenn es opportun erschien, wieder entzogen, etwa in der Sowjetunion. Andere Gruppen, zum Beispiel deutsche Siedler in Osteuropa, kamen in Neuzeit und Moderne ebenfalls in den Genuss von Privilegien, darunter katholische Siedler aus Bamberg im polnischen Posen des 18. Jahrhunderts. Daraus ist jedoch kein Mythos der per-se-privilegierten katholischen Bamberger entstanden. Nein, im deutschen Wikipedia-Eintrag ist vielmehr festgehalten, der Wohlstand der »Bambrzy« entstamme ganz einfach »Fleiß und harter Arbeit«.[83] Kein Wort über die von der polnischen Krone gewährten Privilegien wie zeitlich befristete Steuerbefreiung sowie Befreiung von der damals für Bauern üblichen Leibeigenschaft.

Mit Blick auf europäische Juden ist »Privilegierung« auch insofern irreführend, als diese oft nur die *Aufhebung* bestehender *rechtlicher Diskriminierung* betraf, im Heiligen Römischen Reich etwa des bei Überschreitung territorialer Grenzen von Juden zu entrichtenden »Leibzolls«, eines rechtlich verbrämten Schutzgelds. Der Begriff »Leibzoll« wurde im Übrigen auch für zollpflichtiges Vieh verwendet. Privilegierung war somit in erster Linie ein Gnadenakt, auf den kein (Rechts-)Anspruch bestand. Im 18. Jahrhundert bedeutete »Privilegierung« für preußische Juden erster Klasse – Juden und andere Menschen wurden im preußischen Klassenwahlrecht in Gruppen mit je spezifischem Rechtsstatus unterteilt – die (prinzipielle) Gleichberechtigung mit christlichen Bürgern. Preußische Juden niederer Klasse wurden systematisch diskriminiert, bis hin zum Heiratsverbot, das in Preußen jedoch auch für andere Gruppen aus anderen Gründen galt, etwa unter Friedrich II. für Offiziere der Armee oder im späten 19. Jahrhundert für Lehrerinnen.[84]

In der preußischen Verwendung des Begriffs »Privileg« zeichnet sich eine ähnlich tendenziöse Verzerrung und Entgrenzung ab, wie sie uns heute wieder begegnet. Manche Juden in Preußen sollten sich »privilegiert« wähnen, wo sie doch einfach nur in gewissen Bereichen rechtlich gleichgestellt, wenn auch im rechtlich nie vollständig kontrollierbaren Alltag nicht zwingend gleich behandelt wurden. Kurz: Als »privilegiert« galt, wer nicht benachteiligt wurde. Eine solche Begriffsverwendung nimmt auch die heutige Praxis des »Framings« vorweg: Tatsachen verbrämend und verschleiernd, statt sie klar benennend.

Allein dieses Beispiel macht klar, wie fahrlässig und gefährlich es ist, mit Kollektiva wie »Juden«, »Christen«, »Männer«, »Frauen«, »Weiße« oder »Nichtweiße« in Verbindung mit »Privilegien« um sich zu werfen. Denn auf solchen nur vordergründig stimmigen Kollektiva, die sich schnell verbreiten, weil sie Denkfaulheit begünstigen, bauen später politische Handlungen und soziale Umgangsformen auf. Es ist zudem ein Trugschluss, dass Rassismus nur von Mächtigeren gegen weniger Mächtige ausgeübt werden oder es Rassismus von unten gar nicht geben könne. Tatsächlich hat Rassismus von weniger Mächtigeren zunächst einmal schlicht weniger machtvolle Konsequenzen. Die Betonung liegt auf »zunächst«. Rassismus und andere »Ismen«, beispielsweise Sexismus oder Nationalismus, können durchaus als Instrumente gebraucht werden, um Macht überhaupt erst zu erlangen. Nationalismus beispielsweise galt im 19. Jahrhundert unter vielen Deutschen als progressiv, da er sich gegen die Übermacht des expansionistischen napoleonischen Kaiserreichs richtete. Die gängige Definition von Rassismus »Vorurteil plus Macht« muss deshalb präzisiert werden: Rassismus ist auch »Vorurteil plus Streben nach Macht.« Rassismus ist der Diskurs und die Ideologie der Herrschenden wie auch derer, die herrschen wollen – und insbesondere derer, die Vorherrschaft anstreben. Die »Vorherrschaft der Weißen« ist das beste Beispiel dafür. »Weiße« waren nicht immer die vorherrschende Gruppe in der Weltordnung. Bis um 1500 lag China vorne. Dann begann der mehrhundertjährige, im Grunde unwahrscheinliche Aufstieg europäischer Miniaturstaaten zu mächtigen Global Players, begleitet von und legitimiert durch rassistische Diskurse, für welche die Kategorie »Weiße« erfunden wurde. Die Kolonialmächte nutzten Rassimus als Mittel, um Macht und Privilegien zu erlangen; nicht nur, um ihre Macht und ihre Privilegien zu sichern.

Es greift also zu kurz, Rassismus nur als Ausdruck bestehender Macht und Privilegiertheit zu definieren. Wer über geringe reale Macht verfügt, kann versuchen, zuerst seine Diskursmacht auszubauen und etwa in religiösen Schriften, Liedtexten oder Bildern die Grundlagen dafür zu legen, dass eine aktuell mächtigere – oder als mächtiger empfundene – Gruppe in der Zukunft als illegitim dastehen wird. Das ist die Menschheitsgeschichte *in a nutshell*. Ein guter Teil des Elends dieser Geschichte besteht darin, dass die jeweils abgewertete mächtigere Gruppe, nachdem die langsam keimende Saat der Diskursmacht aufgegangen ist, sich oft bereits weiterentwickelt hat, nun aber für die tatsächlichen oder unterstellten Verfehlungen ihrer Vorfahren in Haftung genommen wird. Besser ist es also, im Sinne der Intersektionalitätstheorie Kollektiva mit Vorsicht zu gebrauchen und stets präzisierende Adjektive beizufügen: »ältere reiche Männer christlichen Glaubens in Deutschland«, »orthodoxe jüdische Frauen in der Ukraine«, »gebildete Schwarze aus US-amerikanischen Mittelschichtsfamilien« – so beugt man Missverständnissen und Steilvorlagen für Sippenhaftung vor. Wie Kimberlé Crenshaw schon in den 1980er-Jahren betonte, bestehen in Wahrheit signifikante Unterschiede nicht nur zwischen den, sondern auch innerhalb der jeweiligen Gruppen, etwa zwischen »schwarzen« Männern und »schwarzen« Frauen oder zwischen armen »Schwarzen« und wohlhabenden »Schwarzen«; Unterschiede, die stets mitbedacht und klar benannt werden sollten.

Dass in den USA und zunehmend auch in anderen Teilen der Welt Fragen wie »Are Jews white?« oder »Can Jews be white?« überhaupt diskutiert werden, zeugt von einem alten, tief verankerten Kategorienproblem.[85] Man versucht, Individuen und Gruppen in schwammige Begriffe wie »weiß« zu pressen, ohne zu bedenken, dass diese Klassifikation selbst das Problem sein könnte. Während sich viele Juden in den USA laut der oben genannten Studie als »weiß« identifizieren, verneinen manche aus guten Gründen die Frage, ob sie »weiß« seien, da sie, welche Hautfarbe und familiäre Migrationsgeschichten auch immer sie haben, nicht in einen Topf mit kontaminierten Kategorien wie »Whiteness« oder gar »White Supremacy« geworfen werden wollen.

Die afroamerikanisch-jüdische Autorin Nylah Burton hat jedoch durchaus einen Punkt, wenn sie schreibt: »Wenn ihr euch nicht weiß fühlt, verliert ihr dadurch nicht das Privileg [das Weißen in den USA zukommt]. In Amerika wählt man seine Rasse nicht. Sie wird einem zugewiesen. Um diese Zuweisung zu ändern, muss man das System verändern, und dazu muss man bereit sein, ihm in die Augen zu sehen. Die bloße Behauptung, dass man nicht weiß ist, ändert nichts am Rassismus.«[86] Es sei dahingestellt, ob diejenigen, die behaupten, sie seien »nicht weiß«, dies stets nur »behaupten« und sonst nichts gegen Rassismus täten – die Realität sieht oft anders aus (siehe Kapitel 8). Im Sinne Burtons kann und sollte man jedoch zwischen verschiedenen Formen von »weiß« unterscheiden, darunter eine affirmative ideologische Haltung oder ein unfreiwilliges Identifiziertwerden mit der Folge, dass man in weiten Teilen des Alltags als »funktionell weiß« wahrgenommen wird. Die Betonung liegt auf wahrgenommen. Man *ist* es dadurch nicht. Man *wirkt* so. Solche Funktionalitäten gibt es nicht nur mit Blick auf die

Hautfarbe, sondern auch auf andere körperliche Merkmale. Wenn zudem kulturelle Marker ins Spiel kommen, die nicht einfach so abgelegt werden können, etwa die Haartracht orthodoxer Juden oder das Kopftuch mancher muslimischer Frauen, verkompliziert sich die Sache. So weit, so gut.

Die zitierten Fragen »Are Jews white?« oder »Can Jews be white?« implizieren und verfestigen jedoch die Annahme, dass eine bestimmte kulturelle oder religiöse Gruppe einer bestimmten Hautfarbe sowie damit angeblich verbundenen Vor- und Nachteilen überhaupt eindeutig zugeordnet werden kann. Das ist ein essenzialistischer Fehlschluss. Tatsächlich gibt es unter anderem auch »schwarze« Juden, Juden lateinamerikanischer Abstammung und asiatischstämmige Juden. Kaum jemand würde die absurde Frage stellen: »Sind Christen weiß«? Oder: »Können Christen schwarz sein?« Wer auch nur ein klein wenig informiert ist, weiß, dass das Christentum eine Weltreligion ist; dass etwa Desmond Tutu oder Martin Luther King Jr. Christen waren, oder dass der autoritäre chinesische, später taiwanesische Herrscher Chiang Kai-shek dem Methodismus anhing. Auch die Frage, ob Jesus »weiß« oder doch eher »Person of Color« war, ist absurd, weil auf einer Rückprojektion basierend. In Jesu Tagen gab es diese Konzepte nicht.

Die Lage ist somit paradox: Während einerseits »argumentiert« wird, Juden seien von den Nazis nicht als »weiß« eingestuft worden, weshalb die Behauptung »Es gibt keinen Rassismus gegen Weiße« trotz der Judenverfolgung richtig sei, ist andererseits der Stereotyp des privilegierten »weißen« Juden« (Aschkenasim) weit verbreitet. Davon zeugt die Kontroverse um Whoopi Goldbergs Äußerung, der Holocaust habe nichts mit »Rasse« zu tun gehabt. So argumentierte die Schauspielerin im Jahr 2022 in einer TV-Show: »Wenn ich auf der Straße mit einem jüdischen Freund unterwegs bin und dem [Ku-Klux-]Klan begegne, fliehe ich. Aber wenn mein Freund beschließt, nicht zu fliehen, wird er meistens in Ruhe gelassen, weil man [am Äußeren] nicht erkennen kann, wer Jude ist.«[87] Nur wenn man meint, Juden seien per se »weiß«, hat Goldberg recht. Ihre Argumentation ähnelt der oben zitierten Argumentation von Nylah Burton. Hautfarbe kann man in der Tat nicht oder nur schwer ablegen. Das gilt jedoch auch für andere körperliche Merkmale anderer Gruppen, etwa für in slawischen oder asiatischen Ländern verbreitete Augenformen oder Wangenknochenpositionen. Rassisten sind nicht wählerisch auf der Suche nach Indikatoren für Leben, das sie, um sich selbst aufzuwerten, abwerten. Auch können orthodoxe Juden oder Mitglieder anderer orthodoxer Gruppen nicht einfach die Kleidungsvorschriften ihrer Religionen oder ihrer Weltanschauungen ignorieren. Sie sind also durchaus am äußeren Erscheinungsbild identifizierbar. Hinzu kommt, dass »Aussehen« ein dehnbarer Begriff ist. Treffend stellt der Rassismusforscher Mark Terkessidis fest: »Deutsche Juden haben auch nicht anders ausgesehen, deswegen versuchte man, ihnen große Nasen oder sonstige ›rassische‹ Merkmale anzudichten. Die SS hat sogar die ›Volksdeutschen‹ aus dem Baltikum daraufhin untersucht, ob sie auch ›rassisch‹ deutsch genug waren. Als in den USA der Depressionszeit die verarmten Bauern aus Oklahoma nach Westen migrierten, belegte man sie mit den gleichen Klischees wie die Schwarzen: dumm, nichtsnutzig, gewalttätig. In Kriminalromanen aus den Zwanzigern haben Griechen und Armenier das gleiche Image wie die Juden: Sie galten als schmierige Händlertypen. Rassistische Vorstellungen hängen nicht nur an Hautfarbe.«[88] Die »Schwarz«-»Weiß«-Stereotypen aus US-amerikanischen aktivistischen Diskursen lassen sich deshalb schlicht nicht sinnvollerweise auf andere Kontexte projizieren. Im Mai 2022 etwa wurden drei Juden in Elad bei einem Terroranschlag ermordet. Unter den Opfern war der dunkelhäutige Jude Yonatan Havakuk, unter den Tätern der hellhäutige Palästinenser As'ad Yousef As'ad al-Rifa'i.

Jewish Privilege? 69

Goldbergs Argumentation zeugt davon, dass afrikanisch- und asiatischstämmige sowie aus dem Nahen Osten stammende, dunkelhäutige Juden (»Mizrachim«) in der populären Imagination kaum eine Rolle spielen, Juden gelten als »weiß«, »weiß« gilt als »privilegiert« – offen ist, auch wenn es wie im Fall der eigentlich philosemitischen Whoopi Goldberg ungewollt geschieht, das Einfallstor für Antisemitismus. In der »Times of Israel« schrieb Gabe Friedman über die Goldberg-Kontroverse: »Obwohl mehr Menschen die jüdische Vielfalt anerkennen, halten sich Stereotypen hartnäckig. Weiße Rassisten, Hypernationalisten und andere rechtsextreme Strömungen, die aus dem Aufstieg der ›Alt-Right‹ nach 2016 hervorgegangen sind, sehen Juden als toxische ›andere‹, unabhängig davon, was sie glauben oder praktizieren. Und am anderen Ende des politischen Spektrums werfen einige linke Progressive alle Juden in einen Topf mit einer mehrheitlich weißen Unterdrückerklasse.«[89] Dass die beiden Gruppen unterschiedliche Gründe für ihren Antisemitismus haben, nützt Juden im Falle des Falles herzlich wenig.

Die Utopie der Allverantwortlichkeit.
Privilegien, Flucht und Migration

Dass Individualismus in den USA heute eine zwar nie unumstrittene, aber dennoch hohe Bedeutung hat, lässt sich nicht auf die Sicherung von Privilegien reduzieren, sondern basiert auf historischen Erfahrungen. Viele derer, die nach Amerika auswanderten, hatten so ihre eigenen Erlebnisse mit gruppenbezogener Diskriminierung und übergriffiger Staatsmacht hinter sich, etwa was Religionsfreiheit betrifft. Wenn man davon ausgeht, dass »Privilegien« über lange Zeiträume weitergegeben werden können, dann sollte man auch untersuchen, wie diese »Privilegien« entstanden sind. Mit Blick auf die USA dürfen in diesem Zusammenhang die Auswanderungswellen im Europa der Moderne nicht fehlen.

Es wäre ein Leichtes, sich historische Scheuklappen aufzusetzen und etwa Steve Wozniak, den Mitbegründer des Unternehmens Apple, einen privilegierten »Weißen« zu nennen. Immerhin sei Wozniak der Sohn eines erfolgreichen »weißen« Ingenieurs, der für ein Raketenprogramm bei Lockheed arbeitete! Durch das Aufwachsen im militärisch-industriellen Komplex habe er einen Startvorteil; nur so konnte er zu dem werden, was er heute ist! Komplizierter wird es, wenn man seine polnische Abstammung und die polnische Emigrationsgeschichte einbezieht. Diese spielt in Wozniaks Autobiografie »iWoz« (2006) zwar kaum eine Rolle. Aber vielleicht hat es ja Gründe, dass er das Buch nicht »meiner Mutter und meinem Vater«, sondern »unseren Müttern und Vätern« gewidmet hat.

Die Novellen des polnischen Schriftstellers Władysław Reymont (1867 bis 1925) bieten einen guten und lebendigen Einstieg ins Thema. Reymont war ein Vertreter des literarischen Realismus und Anhänger der Bewegung »Junges Polen« (*Młoda Polska*). Für seinen Roman »Bauern« (»Chłopi«) erhielt er 1924 den Nobelpreis für Literatur. Er verfasste zahlreiche Novellen, von denen »Gerechtigkeit« (»Sprawiedliwie«, 1899) wichtige Anregungen zu aktuellen Privilegiendebatten, die sich oft auch um Flucht und Migration drehen, liefert.[90] Reymonts tatsachenbasiertes Werk zeigt, wie stark Teile Europas im 19. Jahrhundert unter Bedingungen litten, die wir heute aus anderen Weltgegenden kennen – und wie auch in Europa Menschen infolgedessen ihre Sachen packten und sich Schleppern für eine Fahrt ins Ungewisse, vielleicht sogar ins Tödliche, anvertrauten.

Die Handlung der Novelle ist in einem polnischen Dorf auf dem Territorium des russischen Besetzungsgebietes angesiedelt. Von 1795 bis 1918 stand die einstige europäische Großmacht Polen, nachdem sie drei Mal gewaltsam aufgeteilt worden war, unter preußischer, österreichischer und russischer Herrschaft. Die in »Gerechtigkeit« geschilderten Ereignisse entfalten sich irgendwann nach der russischen Bauernbefreiung (1861), vermutlich um 1900 während einer größeren Emigrationswelle. Der junge polnische Bauer Jaschek wird gegenüber dem örtlichen Gutsverwalter handgreiflich. Dieser hatte versucht, seine Verlobte zu vergewaltigen. Aus Rache lässt der Verwalter Jaschek mit Hilfe korrupter Eliten ins Gefängnis stecken. Nach zwei Jahren flieht Jaschek und versteckt sich, schwer verwundet, im Haus seiner Mutter auf dem Dorf. Die »alte Winciorek« ist eine intelligente und angesehene, aber gerade aufgrund ihrer Intelligenz von den Dorfbewohnern auch misstrauisch beäugte verwitwete Hofbäuerin.

Bald spricht sich herum, dass Jaschek im Dorf ist. Es kommt, wie es kommen muss: Die Familie wird erpressbar, muss sich Schweigen durch Gefälligkeiten erkaufen. Während die klerikale Elite in Gestalt des Pfarrers den Wincioreks Hilfe zuteilwerden lässt, erweist sich die politische Elite in Gestalt des intriganten Schultheiß als Bedrohung – offensichtlich ein Spiegelbild der damaligen polnischen Erfahrungen mit den Besatzungsmächten, unter deren Willkür die Polen vor allem im russischen Teil zu leiden hatten. Im preußischen Teil bestand immerhin ein Rechtsstaat, im österreichischen Teil herrschte zwar Armut, aber weitgehend kulturelle Freiheit. Die Kirche galt als Hüterin der polnischen Identität.

Das Schweigen der Dorfbewohner währt nicht lange. Die Obrigkeit setzt ein Kopfgeld aus, die Dorfgemeinschaft lässt sich manipulieren: »Ein paar Tage summte es davon in allen Häusern des Dorfes, niemand dachte jedoch daran, Jaschek zu verraten, aber fünfzig Rubel immerhin ... es war doch ein schönes Stück Geld. Dieser und jener von den Habsüchtigeren berechnete schon im stillen, was er sich für dieses Geld kaufen könnte ... und liess finstere Blicke gierig schweifen ...«[91] Mutter, Sohn und Verlobter bleibt nichts, als den Hof zu verkaufen und einen Schlepper anzuheuern, der sie nach Brasilien bringen soll. Zu dieser Zeit fand tatsächlich eine massive Auswanderung von Polen nach Brasilien statt; bis heute leben dort etwa eine Million polnischstämmige Menschen. Allein, das Vorhaben scheitert. Jaschek wird, infolge seiner eigenen Unvorsichtigkeit und Selbstüberschätzung, entdeckt. Er verprügelt den Schultheiß. Erneut muss er fliehen. Dieses Mal vergeblich. In die Enge getrieben, steckt er das ganze Dorf in Brand. Zur Strafe wird er im Haus seiner Mutter verbrannt. Vom Schlag getroffen, sinkt diese zu Boden und stirbt, nicht ohne vorher »Gerecht! Gerecht! Das ist gerecht!« gerufen zu haben.

So stellt sich am Ende der Novelle die Frage nach dem Verhältnis von Recht und Gerechtigkeit. Der Lynchmob ist in gewisser Hinsicht im Recht, denn Jaschek hat das Dorf zerstört und damit auch an Unbeteiligten und Unschuldigen, etwa an Kindern, Rache geübt. Und doch ist seine Hinrichtung in gewisser Hinsicht ungerecht: Ohne das ihm widerfahrene Unrecht wäre es ja nie so weit gekommen. Die Winciorek, ihr Sohn und alle sonstigen Dorfbewohner kennen zwar Institutionen des Rechts, aber keine gerechten Institutionen.

Reymonts mit glühender Feder niedergeschriebene Geschichte ist hochaktuell. Der Autor thematisiert Migrations- und Fluchtursachen, mit denen wir auch heute konfrontiert sind: nicht nur mit Armut, Not und Krieg, sondern auch mit staatlich-behördlicher Willkür, Korruption, Misswirtschaft, Verfolgung aus religiösen oder ideologischen Gründen, Perspektivlosigkeit, Elitenversagen und manipulierbaren Zivilgesellschaften. Das Gefängnis wird bei Reymont als Ort der Radikalisierung, nicht der Läuterung geschildert. Jaschek kehrt traumatisiert aus dem Knast zurück; der ihm eigene Jähzorn hat sich durch die Inhaftierung nur noch verschlimmert. Auch dieser Aspekt ist von hoher Aktualität.

Ob für die Schuldigen oder die Unschuldigen: Flucht scheint auch dann kaum möglich, wenn die Mauern des Kerkers überwunden sind. So fragt sich die alte Winciorek: »Wohin sollten sie fliehen? Auf der ganzen Welt sind doch Gerichte, Gendarmen und Gefängnisse! [...] Sie war doch auch bei der wundertätigen Muttergottes in Czenstochau gewesen, auch dort musste sie ihre Papiere vorzeigen; sie war mit dem Pilgerzug in Kalwarya hinter Krakau gewesen, da hatten sie es ebenso gehalten. [...] Und es war ihr, als sehe sie überall unübersteigbare Mauern, Reihen von Gendarmen, Kanzleien, Schreiber und ausgestreckte Hände, die bereit waren, den Fliehenden zu packen!«[92] Den Benachteiligten bleibt als Horizont ihrer Hoffnungen nur Brasilien, die *terra incognita*.

Heutigen Lesern dürften diese Überlegungen vor dem Hintergrund von Videoüberwachung, Gesichtserkennung, Körperscannern, Smartphonetracking, biometrischen Passbildern, Datenspuren, Rasterfahndung und Drohnen bekannt vorkommen. Trotz eines schon damals als total empfundenen Kontrollapparats und obwohl der Dorfpfarrer die Auswanderung von der Kanzel herab geißelt, machen sich die Menschen auf die gefährliche, illegale Reise nach Brasilien: »Es gingen junge und alte Frauen und Halbwüchsige mit Bündeln auf dem Buckel und schleppenden Schritts, vom Weinen der Angehörigen und hundertfältigen Abschiedswünschen begleitet. Weder die Predigten der Priester, noch der Einfluss der Herrenhöfe und das Aufpassen der Polizei halfen etwas dagegen, das Volk erhob sich, und von den Versprechungen eines besseren Loses geblendet, von der Neugierde nach neuen Ländern aufgepeitscht, liess es alles liegen und zog von dannen.«[93] Auch der Inhalt dieser Passage mutet vertraut an. Für die Aussicht auf eine bessere und nicht zuletzt gerechtere Existenz, wie diffus diese auch sein mag, riskieren Menschen gestern wie heute ihre Familien, ihren Besitz, ihre Gesundheit, ihr Leben. Wichtig in diesem Zusammenhang ist, dass Reymonts Protagonisten Hofbauern sind, also Eigentümer bescheidener Ländereien. Sie sind relativ arm, leiden aber keinen Hunger. Auch herrscht um 1900 kein Krieg. Man könnte sie, trotz ihrer Probleme, im Sinne der heutigen diffusen Begriffsverwendung als »privilegiert« bezeichnen. Allerdings geht aus Dialogen hervor, dass die Bauern die 1874 im zunehmend imperialistischen Russland eingeführte Wehrpflicht als ungerecht empfinden. So wandern denn ganze Dörfer, auch ohne unmittelbare existenzielle Bedrohung, nach Brasilien aus. Von der Wehrpflicht als nicht gerade »privilegiertem« Aspekt des angeblichen Privilegs »Mannsein« ist im Übrigen selten die Rede. Sie ist und bleibt einer der massivsten Eingriffe in die Autonomie von Menschen. Eine Ausnahme macht Mithu M. Sanyal, die zu den klügsten, differenziertesten und menschenfreundlichsten Vertreterinnen der deutschsprachigen Kulturszene zählt. Im Jahr 2022 überzeugte sie in der NDR-Sendung »DAS!« mit den Sätzen: »Männer werden in Kriegen verheizt, die werden in wirklich heftigen, schwierigen Jobs verheizt, und das sehen wir uns alles nicht an, wir gucken uns die paar Männer da oben an der Spitze an und sagen: Das Patriarchat ist super für Männer.«[94] Die Angst, dass diese Einsicht die Sache der Frauen schwächen könnte, ist weit verbreitet, führt aber in die Irre, wie Sanyal an anderer Stelle betonte: »[Es gibt eine] große Angst, wenn wir auch Männer in ihrer Verletzlichkeit, als Opfer von Diskriminierung wahrnehmen, dass daraus dann der Schluss gezogen wird: Ach, wenn alle diskriminiert werden, dann ist das ja normal und man muss nichts gegen machen. Dabei ist das Gegenteil der Fall: Es gibt geschlechtsspezifische Diskriminierung, die sehr unterschiedlich ist, je nachdem, auf welcher Seite des Genderspektrums man verortet wird, und es gibt Diskriminierungen, die uns alle in derselben Form treffen. Das sollte uns sensibel für die Unterdrückungserfahrungen anderer Menschen machen, da ein System an einer Stelle zu ändern immer auch Auswirkungen auf das ganze System hat.«[95]

Aber genug von den Männern, zurück zu Flucht und Migration. Das heute geläufige Narrativ, Migranten, Schutzsuchenden und Flüchtlingen des 19. und frühen 20. Jahrhunderts hätten im Gegensatz zu den jetzigen »Einwanderern in die Sozialsysteme« keine (sozial)staatlichen Segnungen gewunken, ist nur bedingt schlüssig. Sozialsysteme wie heute gab es um 1900 nicht, insofern hinkt der Vergleich als solcher. Doch in Brasilien lockten Steuerbefreiungen und Landschenkungen – sozialstaatliche Segnungen ex negativo, wenn man so will. Oder eben: Privilegien. Wichtig für die Migranten waren aber nicht nur materielle Vorteile, sondern auch, selbstbestimmt leben zu können. Viele Schweizer oder Deutsche wanderten im 17., 18. und 19. Jahrhundert aus ähnlichen Gründen aus wie die Polen in Reymonts Novelle, ob nach Russland oder in die USA.

Die Lektüre von Reymonts Novelle kann dazu beitragen, Flüchtlinge und Migranten als Teil einer Geschichte zu begreifen, die auch unsere eigene, nämlich eine europäische ist. Das sollte – ein frommer Wunsch – gerade jenen Rechtskonservativen zu denken geben, die mit Blick auf Europa von »historischen Überlieferungszusammenhängen« sprechen und diese durch Migration und Flucht gefährdet sehen. Während Rechtskonservative und mehr noch Rechtsradikale bis vor Kurzem vor der Invasion Westeuropas durch stehlende, ungebildete, schmutzige Slawen warnten – man denke nur an die Polenwitze der 1990er-Jahre –, inszenieren sie heute Slawen als vollwertige Mitglieder der europäischen »weißen« Zivilisation, um sie für die Abwehr von Migranten und Flüchtlingen aus anderen Weltgegenden zu instrumentalisieren. Die Willkür, der Zynismus sind offensichtlich.

Reymonts Novelle wirft aus der Vergangenheit ein Schlaglicht auf Flucht und Migration in der Gegenwart. Infolge des Angriffskrieges Russlands gegen die Ukraine im Jahr 2022 stellte sich in Europa zusätzlich zu bestehenden Flüchtlingskrisen die Herausforderung innereuropäischer Flüchtlingsströme. Schnell entwickelte sich eine Kontroverse um Privilegien. In sozialen und herkömmlichen Medien ging mit Beginn der Fluchtwelle die Rede um, »weiße« Ukrainer würden privilegiert, nicht-»weiße« Flüchtlinge indes rassistisch diskriminiert, da sie an der Grenze abgewiesen oder hingehalten, in jedem Fall ungleich behandelt würden. Paul Starzmann vom »Tagesspiegel« legte seinen Finger in eine offene politische Wunde, als er höhnte: »Wirklich ehrbar, dass Polen und Ungarn ukrainische Flüchtlinge aufnehmen. So viel Menschlichkeit hätte man sich auch gewünscht, als vor ein paar Jahren Tausende Menschen Schutz suchten, die nicht weiß und christlich waren.«[96]

Tatsächlich machte die polnische Regierungspartei PiS sowohl in der Flüchtlingskrise 2015/16 wie auch in der von 2022 klar, dass sie auf die Einreise von Mitgliedern bestimmter Gruppen, insbesondere muslimischer, nicht nur keinen Wert legte, sondern diese aktiv zu verhindern entschlossen war. Dieser Haltung liegt eindeutig Ethno- und Kulturchauvinismus zugrunde. Allerdings hätte Starzmann präziser »weiß und/oder christlich« schreiben müssen. So wirbt Polen seit geraumer Zeit Arbeitskräfte von den Philippinen an. Nicht die gleiche Hautfarbe, sondern »kulturelle Nähe« aufgrund der Konfession (katholisch) ist für die Regierung ausschlaggebend.[97] Zu jenem ethnisch und religiös weitestgehend homogenen Staat, der Polen heute ist, wurde das einst multikulturelle Land im Übrigen erst durch den nationalsozialistischen Terror des Zweiten Weltkriegs.

An den Grenzen zur EU kam es 2022 einerseits zu Fällen wahrscheinlich ethno- oder kulturchauvinistisch begründeter Abweisung oder Behinderung Nicht-»Weißer«, andererseits liegt es nahe, dass Menschen mit dunkler Hautfarbe beim Grenzübertritt zunächst strenger kontrolliert wurden, weil Grenzschützer es für wahrscheinlicher hielten, dass sie nicht über ukrainische Pässe verfügten – ähnlich wie 20-Jährige von der Polizei eher auf Marihuana kontrolliert werden als 70-Jährige, oder vermögende »Weiße« eher auf grenzüberschreitende Finanzbetrügereien in großem Stil als arme Nicht-»Weiße«. Wer, warum auch immer, spezifisch nach Iren sucht, wird auf rothaarige Menschen achten, weil in Irland überdurchschnittlich viele rothaarige Menschen leben. Kommt es in einer Stadt zu Prügeleien, werden die Polizisten die Schuldigen eher unter Männern suchen als unter Frauen, da Frauen statistisch gesehen weniger Gewaltverbrechen begehen als Männer. Und immer so weiter. Diesem *Identity Profiling* liegen nicht einfach nur rassistische oder sexistische Vorurteile, sondern auch statistische Daten sowie Erfahrungswerte zugrunde. Das soll nicht davon ablenken, dass Politiker wie auch Bürger in der Russlandkrise rassistischen

Bullshit von sich gaben, die Ukraine trotz der dort grassierenden Korruption als »kein Drittweltland« bezeichneten oder ukrainische Flüchtlinge in kulturchauvinistischen Begriffen von anderen Flüchtlingen abgrenzten und als »zivilisiert« einstuften. Vielmehr gilt es nüchtern auf die Tatsache aufmerksam zu machen, dass über 90 Prozent der ukrainischen Staatsbürger ethnische Ukrainer oder Russen sind, und dass diese Tatsache für Grenzschützer eine Rolle spielt. In der ersten Phase der Fluchtwelle aus der Ukraine galten für Angehörige von Drittstaaten mit ukrainischen Aufenthaltstiteln in der EU strengere Einreisebedingungen als für ukrainische Staatsbürger, die sich ohnehin 90 Tage innerhalb eines Zeitraums von 180 Tagen ohne Visum im Schengenraum aufhalten dürfen. Das dürfte zumindest einen Teil der Ungleichbehandlung erklären. Hier könnte man tatsächlich von einer Privilegierung ukrainischer Staatsbürger im engeren, also rechtlichen Sinne sprechen. Nur sind solche Privilegierungen in zwischenstaatlichen Beziehungen überall auf der Welt die Regel. Solange es verschiedene Rechtsauffassungen und Antworten auf die Frage »Wie Wir Leben Wollen« (Tocotronic, 2013) gibt, wird dies wohl auch so bleiben.

Aus der Ukraine flohen 2022 überdies vor allem Frauen und Kinder, die Männer im Alter zwischen 18 und 60 Jahren durften das Land nicht verlassen und mussten kämpfen. Ist letzteres ein »Privileg« oder eine Diskriminierung? Oder beides? Ist ersteres ein »Privileg« oder eine Diskriminierung? Oder beides? In den Jahren 2015/16 hingegen stellten mehrheitlich Männer in Deutschland Asylerstanträge, die meisten davon zwischen 16 und 25 Jahre alt. Das macht, so bedauernswert es aus Sicht humanistischer Ideale auch ist, mit Blick auf die Praxis von Solidarität und Verantwortung einen Unterschied.[98] Junge Männer sind, unabhängig von Herkunft und »Ethnie«, statistisch betrachtet gefährlicher als (junge) Frauen, zumal wenn sie beruflich vergleichsweise schlechte Perspektiven haben und die Gefahr von Desorientierung durch das fehlende Familiengefüge hoch ist.

Auch wirken sich Geografie und Geschichte, unabhängig von »Ismen«, auf Solidarität aus: »Die gemeinsame Geschichte verstärkt die Solidarität. Russische Panzer standen vor einem halben Jahrhundert auch in Prag und Budapest«, sagt der deutsche Jurist und Migrationsexperte Daniel Thym.[99] Räumliche Nähe lässt Menschen geradezu körperlich spüren: Es könnte auch mich treffen. Das ist ernüchternd. Aber es ist so. Nicht nur Soziologie, auch Psychologie spielt eine Rolle. Die Solidarität wächst, wenn man sich selbst oder eigene Aspekte der eigenen Identität im anderen wiedererkennt. Dies wiederum kann durchaus auch über räumliche und ethnische Grenzen hinweg der Fall sein. So solidarisierten sich Schweizer in den 1960er-Jahren mit nicht-»weißen« tibetischen Flüchtlingen, da es sich um Mitglieder eines Bergvolks handelte, oder in den 1950er-Jahren mit »weißen« ungarischen Flüchtlingen, da es sich um Opfer eines übermächtigen Aggressors handelte, was die Schweiz an ihre Verwundbarkeit als Kleinstaat erinnerte.

Thym betont, es sei »völlig legal« in spezifischen Situationen spezifische Gruppen zu bevorzugen. Mit Rassismus müsse das nicht zwingend zu tun haben. Er weist darauf hin, dass Ukrainer trotz vereinfachter Verfahren in Deutschland künftig »auch nicht mehr Rechte als Syrer nach einem erfolgreichen Asylverfahren« bekommen.[100] Die Welt sei in Staaten und damit in bestimmte Rechtsräume geordnet. Und solange das der Fall sei, seien spezifische Gesetze in Kraft. Als die EU am 3. März 2022 beschloss, auch Drittstaatsangehörigen mit Flüchtlingsstatus oder dauerhaftem Aufenthaltsstatus in der Ukraine Schutz zu gewähren, ohne dass ein individueller Asylantrag gestellt werden muss, fiel die juristische Rechtfertigung für die Andersbehandlung schutzsuchender Nicht-»Weißer« weg. In den sozialen Netzwerken berichteten Nutzer, dass es dennoch weiterhin dazu kam. Stand März 2022 konnte weder bestätigt noch dementiert werden, ob es sich um systematische Diskriminierung oder um Einzelfälle handelte.[101] Jeder Fall muss ernst genommen und untersucht werden – wenn Nicht-»Weiße«, die an der Grenze ihre Aufenthaltstitel vorweisen konnten, nach dem 3. März 2022 anders behandelt wurden als »Weiße«, ist das schlicht und ergreifend schikanöses, illegales *Racial Profiling*.

Randall Hansen, Professor für Globale Migration und Politikwissenschaft an der Universität von Toronto, korrigierte indes auf Twitter und in Blogbeiträgen die tausendfach gelikte und weiterverbreitete Pauschalaussage, flüchtende Syrer wären 2015/16 von Deutschland per se schlechter behandelt worden, ja man rolle Ukrainern 2022 »den roten Teppich« aus und privilegiere sie, nur weil sie »weiß« und christlich seien.[102] Die EU, so Hansen, biete den ukrainischen Flüchtlingen de facto nur vorübergehenden Schutz. Wenn direkt an die Ukraine angrenzende Länder wie Polen, Ungarn und Rumänien ihre Grenzen öffneten, sei das ein ganz normaler Vorgang. Die genannten Staaten seien für Ukrainer einfach das, was die Türkei, Jordanien und Libanon 2015/16 für Syrer gewesen seien. Solidarität mit den ukrainischen Flüchtlingen in den Aufnahmeländern, allen voran Polen, könne zudem schnell brüchig werden, sobald die Geflüchteten mit Einheimischen um Wohnraum oder Dienstleistungen zu konkurrieren begännen – in der Türkei, ließe sich ergänzen, verhält es sich heute so mit den zunächst willkommen geheißenen Bürgerkriegsflüchtlingen aus Syrien. Davon zeugt etwa der von der türkischen Zafer Partisi (Siegespartei) in Auftrag gegebene, demagogisch-antiarabistische Film »Lautlose Invasion« (2022) der Regisseurin Hande Karacasu. Dass die Kombination »weiß und christlich« nicht vor (rassistischer) Diskriminierung schütze, so Hansen, zeigen die Erfahrungen von Polen im Vereinigten Königreich. Auch war das Verhältnis zwischen Polen und Ukrainern nicht immer so solidarisch wie 2022. Es ist nicht selbstverständlich, dass »weiße« Polen »weißen« Ukrainern helfen. Man denke nur an das Blutbad, das ukrainische Nationalisten in den 1940er-Jahren in Wolhynien und Ostgalizien anrichteten, an die Vertreibung von Polen aus der Ukraine (und vice versa) nach dem Zweiten Weltkrieg oder an die ukrainischen Aufstände gegen die polnische Krone in der Neuzeit. Und tatsächlich – schon am 17. März 2022 berief die populistische polnische Partei Konfederacja Wolność i Niepodległość (Konföderation der Freiheit und Unabhängigkeit) eine Pressekonferenz mit dem Titel »Ja zur Hilfe, nein zu Privilegien!« ein. Die Regierung, so verlautbarten Vertreter der Partei, übertreibe es mit ihrem Einsatz für Kriegsflüchtlinge aus der Ukraine. Unter dem unterstellten Übereifer litten angeblich Polen und Ukrainer, die schon länger in Polen lebten.

Somit sollte über die Realität von Rassismus und Chauvinismus nicht vergessen werden: Verschiedene Kollektive haben Grenzen und regeln grenzüberschreitende Mobilität; das gilt im Übrigen auch für indigene Gesellschaften mit ihren oft starken Bindungen an Territorien. Und auch für dezidiert linke Kollektive. Der Begriff »antifaschistischer Schutzwall« spricht Bände. Rassismus von »Weißen« gegen »Nichtweiße« ist nur eine Facette von innen und außen, Inklusion und Exklusion. In Deutschland wurde 2022 den flüchtenden Ukrainern nicht, wie die oben erwähnten Rassismuskritiker meinten, »der rote Teppich ausgerollt«, vielmehr überraschte Kommentatoren wie Markus Feldenkirchen vom »Spiegel« sogar »die erstaunliche Passivität der Bundesregierung in der Flüchtlingsfrage« – und das bei der größten europäischen Flüchtlingskrise seit dem Zweiten Weltkrieg. Die deutsche Regierung überlasse freiwilligen Helfern und Hilfsorganisationen die ganze Arbeit, kritisierte Feldenkirchen: »Allmählich müssen sich die ... zuständigen Ministerinnen und Minister fragen lassen, was sie eigentlich beruflich machen.«[103] Zu dieser Gleichgültigkeit passt, dass die Warnungen osteuropäischer Staaten vor Putins Autoritarismus in Deutschland lange nicht ernst genommen wurden, während deutsche Regierungsmitglieder salbungsvoll vom »Haus Europa« sprachen. Auch wurden 2022 Hunderte flüchtende »weiße« Ukrainer an der Grenze zum Vereinigten Königreich abgewiesen oder mussten tagelang in Calais ausharren. Davon war auf Social-Media-Accounts, die sich auf die Diskriminierung von »People of Color« kaprizieren und Videos abgewiesener oder hingehaltener nicht-»weißer« Flüchtender an der Grenze zu Polen verbreiteten, nichts zu lesen.[104]

Tatsächlich muss die Exekutive die Befolgung bestehender Gesetze überwachen und durchsetzen, sonst kommt es zur Willkürherrschaft. Mit dem Rechtsphilosophen John Rawls gesprochen, ist formales Recht zwar nicht automatisch gerecht (siehe Reymont), aber die reguläre Anwendung des Rechts schließt immerhin signifikante Formen des Unrechts aus. Für Unrechtsstaaten ist die selektive, auf Sonderinteressen der Mächtigen basierende und unvorhersehbare Anwendung des Rechts typisch, sodass permanente Verunsicherung zu den in Recht gegossenen Formen von Ungerechtigkeit hinzukommen.[105] Man erlässt beispielsweise ein drakonisches Gesetz und wendet es nur hin und wieder in Schauprozessen an. Im Totalitarismus wird dieses Prinzip auf die Spitze getrieben.

Während Diktaturen halbwegs berechenbar sind, entstehen totalitäre Regime, in den Worten der Politikwissenschaftler Peter Baehr und Melvin Richter, »aus einer Bewegung heraus … und nutzen, einmal installiert, die Bewegung als ihr konstitutives ›Prinzip‹ der Herrschaft. Der unberechenbare Wille des Führers, dessen nächste Entscheidung alle vorangegangenen aufheben kann; Rassen- oder Geschichtsideologien, deren unerbittlichen ›Gesetzen‹ ständig Menschen geopfert werden; die Polizeieinrichtungen und Todeslager, deren einziger Zweck darin besteht, Bürger in Feinde, plurale

Individuen in eine identische Spezies und dann in Leichen zu verwandeln: All diese Merkmale kennzeichnen einen Regimetypus der permanenten Revolution und Transgression.«[106]

Mit der Einhaltung von Gesetzen der Asyl- und Flüchtlingspolitik, zumal demokratisch legitimierten in Mehrparteienstaaten, hat all das wenig zu tun. Zwar sind aus verantwortungsethischer Sicht im Prinzip alle Menschen und alle Staaten für die ganze Welt verantwortlich. Aber niemand ist es in der Praxis. Allverantwortlichkeit ist eine Form idealistischer Selbstüberschätzung, die im Alltag, in den praktischen Entscheidungen sowohl von Individuen wie auch Organisationen und Institutionen, regelmäßig auf dem Boden der Tatsachen zerschellt. In seiner Kritik an Jean-Paul Sartres Philosophie der Allverantwortlichkeit argumentierte der polnische Philosoph Leszek Kołakowski in den 1970er-Jahren, diese impliziere »die Aufhebung jeglicher Verantwortung« und mache die »Unruhe bezüglich der eigenen Entscheidung zur spekulativen Fiktion«.[107] Dass Kritik der Allverantwortlichkeit nicht Verantwortungsflucht entschuldigt, versteht sich von selbst.

Natürlich wird man bei unausweichlich knappen Ressourcen stets Prioritäten setzen. Natürlich wird es stets Situationen geben, in denen man seine Maximen neu justiert. Natürlich ist niemand allen Menschen gegenüber gleich solidarisch, auch wenn die eigene Rhetorik anderes behauptet. Auffällig ist etwa die große Solidarität mit Kurden und Palästinensern in Teilen der deutschen Linken, während die »weißen«, christlichen Bewohner osteuropäischer Staaten, die jahrhundertelang als Manövriermasse im Geogeschacher imperialistischer Großmächte zerrieben wurden, oft einen blinden Fleck linker Solidarität bilden. Davon zeugen unter anderem die Ignoranz der Bundes-SPD gegenüber der polnischen Solidarność-Bewegung in den 1980er-Jahren, die schwache Resonanz auf die Demonstrationen gegen den Diktator Lukaschenko in

Belarus im Jahr 2020 sowie aktuell ein entgrenztes Faschismusverständnis von Linksaußen, das es erlaubt, den vom Kreml seinerseits mit Faschismusvorwürfen begründeten Angriffskrieg gegen die Ukraine in Form einer Täter-Opfer-Umkehr als Reaktion auf angebliche NATO-Kriegstreiberei zu verharmlosen. Auch haben von US-amerikanischen Diskursen geprägte Antirassismusaktivisten wie Malcolm Ohanwe den Antislawismus erst vor Kurzem für sich entdeckt und Slawen in den Kanon ihrer Opfergruppen aufgenommen. Vorreiter waren sie nicht. Die buchstäbliche Hautfarbe, anhand derer letztlich eben doch identifiziert und bewertet wird, täuschte offenbar so manche selbst ernannte Kämpfer für soziale Gerechtigkeit darüber hinweg, dass Osteuropäer im modernen Westeuropa oft exotisiert wurden, dass sie als unzivilisiert oder barbarisch galten, dass ihre kleineren und schwächeren Staaten zur Verfügungsmasse der Großmächte degradiert wurden – nicht nur des imperialen Russlands, des Deutschen Reiches oder des Habsburgerreiches, sondern auch des expansionistischen Osmanischen Reiches. Als »Semi-Orientalisierung« bezeichnet der Historiker Larry Wolff eine typisch westeuropäisch-moderne Sicht auf Osteuropa.[108]

Während die (neu)linke Solidarität mitunter auf dem roten Auge blind ist, sind Rechtsradikale solidarisch nur mit dem, was sie in ihr phantasmagorisches Konzept des Völkischen oder der angeblich homogenen Zivilisation pressen können. Derzeit solidarisieren sich deutsche Rechtsradikale auffällig oft mit den Staaten Polen und Ungarn, weil ihnen deren Regierungspolitik in den Kram passt. Das dürfte sich schnell ändern, sollten dort einmal linke oder linksliberale, kosmopolitisch orientierte Politiker an die Macht kommen. Plötzlich wären das aus Sicht der Rechtsradikalen keine »echten« Angehörigen des christlichen Abendlandes mehr, Hautfarbe hin oder her.

Wenn AfD-Demagogen und sonstige Reaktionäre das Thema Flucht und Migration instrumentalisieren, sollte einen das nicht davon abhalten, sich offen und realistisch damit auseinanderzusetzen. Der 2018 vereinbarte und in der UN-Generalversammlung angenommene »Globale Pakt für Flüchtlinge« ist ein Schritt in die richtige Richtung, wenngleich er leider nicht transparent und demokratisch entwickelt worden ist. Grundsätzlich darf man sich Denken und Begriffswahl nicht von Reaktionären diktieren lassen. Je schriller die Töne des populistischen Konzerts, desto klarer und konstruktiver müssen die Kompositionen derer, denen es um Gerechtigkeit zu tun ist, erklingen. Und wie immer gilt auch hier: Wer Differenzierung für Relativierung instrumentalisiert, darf aus Komfort- und Wellnessgründen gern auf Erstere verzichten. Das erspart viel Aufwand.

Vor dem Hintergrund des Erläuterten sollte man Flüchtlingen helfen, wo und wann immer es geht, aber nicht insinuieren, alle Ungleichbehandlungen ließen sich monokausal auf Rassismus und Privilegien der mächtigen Mehrheitsgesellschaft zurückführen. Treffend twitterte der User »Erfrorener Distler« (@EchteFreiheit) im März 2022: »Wenn die Lösung unabhängig vom Problem immer die gleiche bleibt, interessiert sich jemand nicht wirklich für das spezifische Problem.«[109] Abschließend sei daran erinnert, dass die NATO mit Beteiligung der deutschen Bundeswehr im Bosnien- und Kosovokrieg der 1990er-Jahre militärisch eingriff, als Muslime massakriert wurden – ein in der deutschen Nachkriegsgeschichte bis anhin einmaliger Vorgang. Diejenigen, die das Wort »Privileg« so gern verwenden, müssten, ihrer eigenen Logik gemäß, argumentieren, nicht-»weiße« Muslime seien hier »privilegiert« worden, da die NATO und insbesondere Deutschland in anderen Konflikten nicht eingriffen. Man wird unschwer erkennen können, dass eine solche »Argumentation« Ressentiments schürt und somit verzichtbar ist.

»Don't Call Me White.«
Parallelgesellschaften, Punk und Hardcore

DiAngelo entwickelt ihr Verständnis von »Privilegien« vor dem Hintergrund der US-amerikanischen Geschichte und Gegenwart. Doch wenn von »Privilegien« in den USA die Rede ist, muss auch von Parallelgesellschaften die Rede sein. Das Land ist multikulturell, aber die Kulturen existieren vielerorts nebeneinander statt durch- und miteinander. Die USA sind maximal heterogen; es bestehen »tiefgreifende gesellschaftliche und sektionale Spaltungen, die Ausdruck unterschiedlicher regionaler und sozialer Interessen« sind.[110] Zwar kann mit Sicherheit gesagt werden: In den USA wird man statistisch betrachtet selten diskriminiert, weil man »weiß« ist, sondern obwohl man »weiß« ist. Vergleichbar damit wird man weltweit nur in absoluten Ausnahmefällen angepöbelt oder angegriffen, weil man heterosexuell ist, sondern obwohl man heterosexuell ist. Solange das so ist, ist klar, in welchen Bereich die meisten politischen und aktivistischen Energien zu investieren sind. Das ändert nichts an der Tatsache, dass es in bestimmten Kontexten möglich ist, spezifisch als angeblich per se privilegierter »Weißer« diskriminiert zu werden.

Viele US-amerikanische Städte sind ethnisch ungleich stärker segregiert als europäische Städte, etwa als das süddeutsche Stuttgart, von dessen Bewohnern heute über 40 Prozent einen sogenannten Migrationshintergrund haben. In der schwäbischen Metropole gelang es den Migranten und den christdemokratischen Oberbürgermeistern Manfred Rommel sowie Wolfgang Schuster in der zweiten Hälfte des 20. Jahrhunderts durch unideologische Zusammenarbeit, Ghettoisierung entgegenzuwirken. Rommel und Schuster sprachen Migranten nicht nur als Opfer oder Benachteiligte an, sondern sahen in ihnen ganz pragmatisch einen Zugewinn für ihre stark industrialisierte Stadt und Region, die auf den Zustrom von Arbeitskräfte angewiesen war und es weiterhin bleibt: »Als viele noch dachten, dass die Gastarbeiter bald wieder heimkehren würden, wurde im Stuttgarter Sozialamt eine Stelle für einen Ausländerbeauftragten geschaffen. 1983 wurde auf Initiative des Oberbürgermeisters ein Ausländerausschuss gewählt – bundesweit einer der ersten zur Beteiligung ausländischer Einwohner im Gemeinderat. ›Wir sind alle Stuttgarter‹ lautete Rommels Devise. Als in den Achtzigern ein Afrikaner zwei Polizisten tötete, stellte er sich vor die wütenden Bürger und sagte: ›Es hätte auch ein Schwabe sein können.‹«[111]

In Stuttgart gibt es zwar Stadtteile, in denen Deutschstämmige mittlerweile eine Minderheit bilden.[112] Es gibt aber keine »Ausländerquartiere« im engeren Sinne – und seitdem die Deutschtürken ökonomisch aufgestiegen sind, wählen sie nicht mehr primär SPD, sondern auch CDU. Konservativen Schwaben sind sie habituell teils näher als die konservativen Schwaben linksprogressiven Deutschen. Im Einwanderungsland USA hingegen sind, früher mehr noch als heute, »Chinatowns« oder ausschließlich spanischsprachige Quartiere eine Normalität; ebenso gibt es, aus historisch nachvollziehbaren Gründen, Universitäten nur für Afroamerikaner. Wer als »Weißer« in einer mehrheitlich afroamerikanischen oder lateinamerikanischen Nachbarschaft aufwächst, macht andere Erfahrungen als jemand, der als »Weißer« unter »Weißen« aufwächst. Die Statistik des Gesamten sagt noch nichts über Teilbereiche aus und US-amerikanische Diskurse lassen sich nicht 1:1 auf (Mittel-)Europa übertragen. Wichtig ist der kontextsensible Blick.

Ein solcher Blick wird die These, die Kritik an der Gleichsetzung von »weiß« mit »privilegiert« sei stets rechts, konservativ oder libertär, auf alle Fälle aber nicht linksprogressiv und antirassistisch motiviert, fragwürdig erscheinen lassen. Allein schon ein Blick in die Geschichte der Subkulturen zeigt, dass die Sache komplizierter ist. So ist Kritik an partiell aufkommender Sippenhaftung aufgrund »weißer« Hautfarbe – wie schon mehrfach erwähnt, ist es letztlich eben doch meist die biologische Hautfarbe, anhand derer Menschen identifiziert werden –, die heute als typisches Narrativ von Trumpisten oder Identitären durch die Medien gereicht wird, schon seit den späten 1970er-Jahren aus der linken Hardcore- und Punkszene zu vernehmen. Identische Diagnosen bedeuten nicht identische Haltungen.

Der kontroverse Song »Guilty of Being White« (1981) der Hardcoreband Minor Threat aus Washington D.C. etwa ist keine proto-trumpistische oder neurechte Generalanklage im Sinne von: Alle »Weißen« werden diskriminiert! Wir sind Fremde im eigenen Land! Es tobt ein Genozid gegen »Weiße«! Zwar wurde »Guilty of Being White« von rechtsradikalen Bands instrumentalisiert. Aber die Neue Rechte eignet sich nun mal alles an, was sie in die Finger bekommt, bis hin zu den kommunistischen Theorien eines Antonio Gramsci. Wollte man argumentieren, Gramsci sei für politisch links Stehende tabu, nur weil die Neue Rechte sich auf ihn beruft und seine Gedankengebäude plündert? Sicherlich nicht.

Minor Threats Sänger Ian MacKaye stellt in »Guilty of Being White« keine identitäre Theorie auf, sondern erzählt von seinen Erfahrungen als »weißer« Schüler in einem überwiegend »schwarzen« Umfeld. Anders als andere »Weiße« waren seine Eltern nicht aus dem Innenstadtviertel Georgetown in eine von wohlhabenden »Weißen« bewohnte Vorstadt umgezogen; anders als andere »Weiße« ging MacKaye auch nicht auf eine elitäre Privatschule, sondern auf eine öffentliche Schule mit überwiegend »schwarzen« Schülern. Hier zeigt sich: »Weiß« ist nicht gleich »weiß«. Die einen »Weißen« treten die Flucht in die heimelige Vorstadt-Parallelwelt an und stehen dann pauschal für »die Privilegierten«. Die, die bleiben, fallen durchs Raster der Wahrnehmung dessen, was als »weiß« gilt.

Ausgehend von dieser Situation verlieh der damals 19-jährige MacKaye seiner Wut darüber Ausdruck, für Ungerechtigkeiten, die andere »Weiße« vor ihm begangen hatten, verantwortlich gemacht – konkret: in der Schule verprügelt – zu werden. Ähnliche Erfahrungen wie MacKaye machte der Hardcoremusiker Harley Flanagan, der als »White Kid« in den 1970er- und 1980er-Jahren in New Yorks Lower East Side aufwuchs, und zwar als Minderheit in einer Minderheit: »Ich war der einzige weiße Teenager in meinem Viertel und in meiner Gegend. [...] Die ganze Nachbarschaft war puerto-ricanisch. Und mir wurde regelmäßig in den Hintern getreten. [...] Die Leute verstehen das nicht. Die Leute reden vom weißen Privileg und so, aber da, wo ich aufgewachsen bin, war das einzige Privileg, das man als Weißer hatte, dass man in den Arsch getreten wurde.«[113] Auch Henry Rollins, der frühere Sänger von Black Flag und ein langjähriger Freund von MacKaye, berichtet von verstörenden Erfahrungen aus seiner Schulzeit in Washington D. C.: »Alles, was ich war, war ein Produkt all der Angst und Demütigung, die ich erlitt. Die Angst vor meinen Eltern. Die Demütigung durch die Lehrer, die mich ›Mülleimer‹ nannten und mir sagten, dass ich für meinen Lebensunterhalt Rasen mähen würde. Und die ganz reale Angst vor meinen Mitschülern. Ich wurde wegen meiner Hautfarbe und meiner Größe bedroht und verprügelt.«[114] Heute ist Rollins eine Ikone des linksliberalen, antirassistischen Amerikas.

Nur wenn man in der Stimme eines Einzelnen nichts als das Echo eines strukturellen Zusammenhangs erkennt, wird man in MacKayes Songtext oder in Flanagans und Rollins' Schilderungen zwangsläufig einen Ausdruck »weißer Privilegien«, mithin das Ausblenden all dessen, wovon man profitiert, auch ohne es zu wissen, erkennen. Der kontextsensible Blick aber wird die Umstände beachten, die den Songtext des Teenagers geprägt haben; zudem wird er normative und pragmatische Grundlagen der Punk- und Hardcore-Punkszenen einbeziehen, darunter das Prinzip »Do It Yourself« (man verkörpert die Alternative, statt von anderen ihre Umsetzung zu fordern), die Skepsis gegenüber institutionalisierter Macht und die Ablehnung politischer Korrektheit. Natürlich ist ein Titel wie »Guilty of Being White« nicht gerade subtil. Aber eben darum geht es in weiten Teilen von Punk und Hardcorepunk! Die Abkehr von politischer Korrektheit speist sich dabei nicht zuletzt aus dem Widerstand gegen die Hippiebewegung, die in den 1970er-Jahren bereits in bunten Trümmern lag, wozu auch die Verklärung des Drogenkonsums durch den Guru der Bewegung, Timothy Leary, ihren Teil beigetragen haben mag.

Im Hardcorepunk entstand als Reaktion auf Hippie-Utopien und destruktiven Drogenkonsum die Straight-Edge-Subkultur. Linke Nonkonformisten wie Ian MacKaye und Henry Rollins schworen den Drogen ab und rasierten sich wie Mönche die Schädel kahl. Allein, ihre Botschaften kamen weiterhin nicht als klösterliche Sonntagsreden daher, sondern laut, hart, provozierend: »Ich bin ein Typ wie alle anderen auch / Aber ich habe Besseres zu tun / Als herumzusitzen und mir den Schädel vollzudröhnen / Mit lebendigen Toten rumzuhängen / Mir weißen Dreck die Nase hochzuziehen / Bei den Shows in Ohnmacht zu fallen / Ich verschwende keinen Gedanken an Speed / Ich brauche das ganz einfach nicht« (Minor Threat, »Straight Edge«, 1981). Wie blasiert!, mochten sich da manche Subkulturelle denken. Dieser Typ ist doch im Herzen ein privilegierter, spießiger Bürgerlicher, der sich nur als Punkrocker verkleidet hat!

Drogenaffinen Punks erging es nicht besser, was Irritationen ob drastischer Ausdrucksmittel betrifft. Der Song »No Caucasian Guilt« (1977) – »kaukasisch« meint in Amerika »hellhäutig« – des Punkduos Noh Mercy etwa wurde als rassistisches Pamphlet missverstanden. Sängerin Esmeralda eröffnet den Song mit den Worten: »Ich will nicht politisch korrekt sein / Ich brauche keine kaukasische Schuld / Ich habe nie Juden gekocht / Ich habe nie Indianern Land geraubt / Ich habe mir nie einen Schwarzen zum Sklaven gemacht / Ich habe nie ein Latino-Grab geschaufelt / Mir nie von Chinesen Bahngleise legen lassen.« Noh Mercys Lied war als Satire auf Rassismus gedacht, eben mit den krassen Mitteln der Punks statt mit den sanften Mitteln der Hippies. Das außerhalb der Punkszene zu vermitteln, erwies sich als schwierig. Allzu leicht konnte dieser Humor als »Privileg« der Bessergestellten verstanden werden. Sowohl MacKayes unironische Aussagen wie auch Noh Mercys Ironie boten sich für Skandalisierung geradezu an. Was ja, andererseits, durchaus im Sinne des Punks ist.

Die meisten Punks und Hardcorepunks dürften wissen, dass sie nicht nur »für sich selbst« sprechen, sondern immer auch Teil eines Gesamtzusammenhangs sind. Gerade deshalb wollen sie sich ja davon lösen. Insofern geht nur bedingt auf, was die Journalistin Sara Jaffe 2012 über eine Diskussion zwischen den Punkmusikern Vic Bondi, Dave Dictor und MacKaye, die 1983 im Magazin »Maximumrocknroll« abgedruckt wurde, schrieb: »Mackayes [sic] Arroganz in der Diskussionsrunde ist gelinde gesagt abstoßend; aus ihr spricht der Wunsch, die Punkkultur könne wirklich ein Ort sein, an dem Rasse schlicht und ergreifend keine Rolle mehr spiele. Das Problem ist: Der erste Schritt zur Beendigung des Rassismus besteht darin, dass die Privilegierten erkennen, auf welche Weise sie vom System profitieren, selbst wenn sie zustimmen, dass es kaputt ist.«[115] Warum aber sollte man diesen Wunsch nicht haben? Man sollte, ja man muss ihn haben! Er ist, wie alle Utopien, ein Horizont, auf den man zusteuert, nicht ein Ding, das man erreicht und ergreift. Diplomatisch gibt sich Dictor, wenn er auf MacKayes Schilderung seiner persönlichen Diskriminierungserfahrungen erwidert: »Du drückst ganz einfach deine Gefühle in dieser Sache aus und das ist in Ordnung.« Genau so ist es. Dafür muss immer Platz sein.

MacKaye sagt in der Diskussion zudem explizit, er könne das Argument der historisch bedingten strukturellen Ungleichheit in den USA nachvollziehen. Er erkennt an, dass »Schwarze« in den USA schlimmere Erfahrungen machen mussten als etwa Iren. Diese wurden, wie Bondi ausführt, zwar ebenfalls diskriminiert, aber sie wurden nicht als Sklaven ins Land verschleppt. MacKaye erkennt auch die Notwendigkeit von Affirmative Action an. Aber er insistiert wieder und wieder auf die Berücksichtigung der lebenspraktischen Konsequenzen auch für Individuen statt nur für Gruppen. Er denke stets vom Individuum her, betont er, und positioniert sich damit – ohne dass er dafür die einschlägigen Schriften gelesen haben musste – in der Tradition des Individualanarchismus, wie er sich mit Max Stirner und Gustav Landauer herausgebildet hat. Diese Form des Anarchismus ist nicht zu verwechseln mit einem primär ökonomistisch grundierten Libertarismus und seinem Zug zum Sozialdarwinistischen. MacKaye gibt überdies an, er wolle nicht so rüberkommen, als wisse er persönlich genau, was zu tun sei, um sich damit in ein vorteilhaftes Licht zu rücken. Diese Haltung passt ebenfalls zum Anarchismus, genauer gesagt zum Denken Landauers, der schrieb: »Es gilt jetzt, noch Opfer anderer Art zu bringen, nicht heroische, sondern stille, unscheinbare Opfer, um für das rechte Leben Beispiel zu geben.«[116] Das ist »präfigurative Politik«, wie sie im anarchistischen Buche steht.

Dass »Guilty of Being White«, ähnlich wie NoFXs Song »Don't Call Me White« (1994), bis heute für Streit unter Linken sorgt, überrascht nicht. Er zeugt von Verschiebungen in den Ansichten darüber, welche »Privilegien« primär kritisiert werden sollten. Punk fokussiert traditionell auf Klassenunterschiede statt »Rassen«unterschiede; zugleich halten viele Punks den Individualismus als anarchistischen Gegenpol zum völkischen Autoritarismus und zum autoritären Kollektivismus im Allgemeinen hoch. So verhielt es sich auch mit Minor Threat und »Guilty of Being White«. Und als reagierten sie auf die heutigen Privilegiendebatten, singen NoFX in »Don't Call Me White« schon Anfang der 1990er-Jahre: »Dann nenne mich eben ein Arschloch / Denn ich kann / Verantwortung nur für das übernehmen, was ich getan habe / Und nicht dafür, wer ich bin.« Es wäre ein Missverständnis, darin einfach eine Form des »Silencing« zu sehen; also des Ausblendens unliebsamer Teile der Realität. Eher ging es den Musikern darum zu signalisieren, dass Race keine Rolle spielen *solle*; nicht, dass sie keine Rolle *spiele*. Im Jahr 1984 rief der deutsche Punksänger Dirk Joras bei einem Konzert pöbelnden Rechtsradikalen zu: »Passt auf, ihr Scheißer – ja? Uns ist das völlig egal, ob jemand aus Berlin kommt, aus Hamburg oder sonst woher. Ist uns völlig scheißegal, verstehst du? Scheißegal, ob jemand schwarz ist oder weiß, scheißegal, ob jemand Türke ist oder Deutscher, scheißegal! Versteht ihr mich, ihr Wichser? Ja? Und all die Leute haben Bock drauf, dass wir spielen. Und ihr kleiner Scheißhaufen werdet dieses Konzert nicht in' Arsch machen, sonst gibt es auf die Fresse, so satt und lang, wie ihr noch nie in eurem Leben auf die Fresse gekriegt habt! Klar, oder was?«[117] Wollte er damit sagen, dass alle bereits gleich behandelt werden? Natürlich nicht.

Die Punks wollten nicht den Rassenwahn der Vergangenheit und sein Nachglühen in der Gegenwart reproduzieren, sondern in der Lebenswelt ein besseres Beispiel geben. Darin zeigt sich der Einfluss des Anarchismus. »Lebenswelt« bedeutet hier, dass es keines ausgefeilten akademischen Programms und keiner staatlichen Leitgestirne bedarf. Die Do-it-yourself-Punks und -Hardcorepunks setzten auf das gelebte Vorbild; mithin auf *Demonstration* und *Antizipation* statt auf Kanzelpredigten. Das erinnert stark an den oben erwähnten undogmatischen Anarchisten Gustav Landauer, aus dessen Sicht sich erst die Einzelnen ändern müssen, damit sich das Ganze, wie in einer Kettenreaktion, ändern kann. Sinngemäße Varianten seines Satzes »Vom Individuum beginnt alles; und am Individuum liegt alles« sind im Hardcorepunk an der Tagesordnung, etwa wenn es bei Better Than a Thousand im Jahr 1998 heißt: »Schieb's auf dein Land, schieb's auf deine Stadt / Schieb's auf deine Nachbarschaft, du willst sie niederbrennen / Schieb's auf deine Kultur, schieb's auf deine Gene / Schieb's auf New York, L. A. und alles, was dazwischen liegt / [...] Ich habe diese Ausreden satt, genug davon! / Es ist an der Zeit, aufzustehen und Verantwortung zu übernehmen.« Schon im Jahr 1987 schrie Henry Rollins ins Mikrofon: »Rede nicht drüber – tu es, tu es, tu es, tu es!« Heute indes besteht in Teilen der Linken die Tendenz zu sagen, es müssten sich erst »die Strukturen« ändern. Die »Strukturen« aber sind das, was Einzelne und Gruppen durch ihr Handeln hervorbringen. Wenn alle darauf hoffen, dass sich erst mal die große, unsichtbare »Struktur« ändert, ändert sich wenig.

Die mehrheitlich »weißen« Punks und Hardcorepunks wollten der eigenen Gruppenidentität und Gruppenzwängen entfliehen, das »privilegierte« Leben gegen ein Leben in Tourbussen und Clubs eintauschen, der satten »weißen« Mittelklasse den Stinkefinger zeigen. Viele Afroamerikaner hingegen hatte ganz andere Prioritäten. Und dies aus guten Gründen. Sie waren bestrebt, überhaupt erst ein positives Bild ihrer eigenen Gruppe, die in der Vergangenheit – und nicht nur in der Vergangenheit – gezielt abgewertet worden war, zu erzeugen (»black and proud«). Für MacKaye und Rollins war der Verzicht auf akademische Meriten, zu denen beide das Zeug gehabt hätten, ein Akt der Rebellion. Die Nachfahren aus Afrika verschleppter Sklaven hingegen, die noch bis vor kurzem durch Rassengesetze in diskriminierte Parallelgesellschaften gezwungen worden waren, mussten erst einmal aufbauen, was die Eltern der anderen schon hatten. Die Hardcorepunks aus Washington D.C. wollten aus Protest kulturell und ökonomisch absteigen. Afroamerikanische Aktivisten hingegen wollten kulturell und ökonomisch aufsteigen. Beide Gruppen starteten schlicht von unterschiedlichen Positionen. Beide verfolgten ihre Ziele mit guten und gerechten Intentionen, aus nachvollziehbaren Gründen. Hier erweist sich die Rede von »Politics of Place« (Adrienne Rich) als wichtig. Es macht eben einen Unterschied, von welcher Position man startet. Die Betonung liegt auf »einen«. Es ist nicht der einzige Unterschied.

Infolge des langsamen Aufstiegs der Minderheiten begannen sich in den USA der 1970er-Jahre die Gewichtungen in linksprogressiven Milieus zu verschieben: weg von Individuum versus Masse hin zu kleineren, marginalisierten Gruppen, was sexuelle Orientierung, Gender und *Race* betrifft. Zudem erhielt ein neuer akademischer Ton Einzug in die Kritik an den Verhältnissen. Minor-Threats-Sänger Ian MacKaye war ein wütender Teenager, als er den Song »Guilty of Being White« schrieb. Er und sein Kumpel Henry Rollins wurden zwar in bildungsbürgerliche Familien geboren und litten keine materielle Not, absolvierten aber nie ein Studium und sammelten ihr Wissen als tourende Hardcorepunks auf der Straße. Harley Flanagan wuchs als Kind von Hippie-Eltern unter chaotischen Umständen mit viel Gewalt- und Drogenerfahrung auf. Entsprechend waren die Songtexte der Musiker eher ungehobelter Natur. Die neuen identitätspolitisch orientierten Aktivisten indes eigneten sich ein geschliffenes Vokabular an, versuchten, Studienplätze an renommierten Hochschulen zu ergattern und brachten sich auf den aktuellsten Stand der Kritischen Theorie, die damals stark von der kontinentaleuropäischen Linken inspiriert war. Die oben im Zusammenhang mit »Politics of Place« erwähnte (»weiße«) Theoretikerin Adrienne Rich war die Tochter eines Pathologieprofessors und einer Konzertpianistin, die aus einem Arbeiterhaushalt stammende Feministin und Aktivistin bell hooks studierte an der privaten Eliteuniversität Stanford, die afroamerikanische Sozialistin Barbara Smith, Mitglied des Combahee River Collective, promovierte an der Universität von Connecticut, Martin Luther King erhielt seinen Doktortitel von der Boston-Universität. Gerade aus intersektionaler Sicht sollten diese sozialen Konstellationen und Dynamiken mit in Betracht gezogen werden.

Der afroamerikanische Politikwissenschaftler Wilfred Reilly, der sowohl die Auswüchse linker wie auch rechter Ideologie in den USA kritisiert, trägt zu Differenzierung bei, wenn er im Jahr 2021 erzählt: »Ich bin in einer einigermaßen normalen, von der Arbeiter- und der Mittelklasse geprägten Umgebung aufgewachsen, außerhalb des Einflusses von all diesen trendigen College-Boy-Ideologien. Dort hattest du eher Probleme, wenn du als Italiener in ein von Schwarzen oder Iren dominiertes Quartier gezogen bist.«[118] Das ist auf einer Linie mit den Schilderungen von MacKaye, Rollins und Flanagan. Und es bestätigt meine oben dargelegte These, dass in Diskussionen über Privilegien in den USA stets die dort existierenden Parallelgesellschaften mitbedacht werden müssen. Die Lage der Afroamerikaner habe sich überdies im Laufe der letzten 70 Jahre klar verbessert, meint Reilly. Großtheorien, die eine akademische Minderheit über entristische Strategien in den Mainstream trägt, steht er skeptisch gegenüber, hat aber seinen Humor im Angesicht der *Campus Wars* in den USA nicht verloren. »Erst als ich in die Universität kam, wurde ich mit all diesen Theorien konfrontiert, die auf marxistischen Lehren beruhen, die von nicht sehr intelligenten Amerikanern übersetzt wurden. Da datet man dann das Business-Girl, das einem erzählt, wie unterdrückt sie war. Für mich war das fast ein Witz, dass diese Leute unterdrückt werden. Aber seit ich an der Universität bin, ist mir bewusst geworden, dass dieser

Witz sehr mächtig sein kann.«[119] Es ist bezeichnend, dass Afroamerikaner wie Reilly in den Diskursen vieler Linksprogressiver, die für sich in Anspruch nehmen, die gesamte Gruppe der »People of Color« zu repräsentieren, keine oder nur eine marginale Rolle spielen. Am Ende steht eben doch oft der Einsatz für politisch Gleichgesinnte im Zentrum, nicht der für alle nicht-»weißen« Menschen.

Reillys Differenzierung führt zurück zu DiAngelos stereotypisierender Kritik. So ist ihre Behauptung, der sozioökonomische Aufstieg von Afroamerikanern wie Barack Obama habe nichts am Status quo geändert, irreführend. Am Status quo hat sich im Laufe der letzten Jahrzehnte nachweislich einiges getan. Dass das nicht genug ist, ändert nichts daran, dass es so ist – und entsprechend benannt werden muss. Sonst fördert man Frustration, Depression, Aggression. Der Bericht »The Economic State of Black America in 2020«, verfasst vom Joint Economic Committee des US-Kongresses, vermittelt ein differenzierteres Bild als DiAngelos Buch und bestätigt Reillys Einschätzung. Die Vertreter von Demokraten und Republikanern halten im Bericht fest: »Millionen von schwarzen Amerikanern haben … von den Möglichkeiten profitiert, die durch das De-jure-Ende der Jim-Crow-Gesetze geschaffen wurden: Sie sind erstmals in die Mittelschicht aufgestiegen, haben einen Hochschulabschluss erworben, erhalten höhere Löhne, sind beruflich erfolgreich und ziehen Kinder groß, die auf ihren Erfolgen aufbauen können. [...] Hinter diesen sehr sichtbaren Zeichen der Verbesserung verbergen sich jedoch tiefe Ungerechtigkeiten, die Dutzende von Millionen schwarzer Amerikaner zu Bürgern zweiter Klasse machen, mit weitaus weniger Möglichkeiten, gute Gesundheit, politischen Einfluss, Wohlstand und Sicherheit zu erlangen als andere Amerikaner.«[120] Die Formulierung »andere Amerikaner« trifft es besser als »Weiße«, gibt es in den USA doch auch, unter anderem, Asiatischstämmige und Lateinamerikaner. Um die Situation bislang Benachteiligter weiter zu verbessern, eignet sich das Dokument des Joint Committee eher als polemische Zuspitzungen aus nominell wissenschaftlicher Feder. In einem Popsong wie Snakefingers »There's No Justice in Life« (1987) ist es völlig in Ordnung, pauschal und raunend über »the privileged few« zu singen. »Guilty of Being White« ist ein berechtigter Ausdruck persönlicher Gefühle. Akademiker aber sollten höhere Ansprüche haben.

Ein Begriff, der greift.
Privilegien als Vor- und Sonderrechte

Die bisherigen Kapitel handelten von den Tücken eines entgrenzten, willkürlich gebrauchten und in liberalen Demokratien zwangsläufig negativ konnotierten Begriffs. Sie haben, so hoffe ich, gezeigt, dass die Aufforderung »Check Your Privilege!« oft verzichtbar ist. Was aber waren, was sind »Privilegien« im engeren Sinne und was sind sie nicht? In welchen Zusammenhängen ergibt die Diagnose »privilegiert« Sinn, in welchen Fällen verstellt sie den Blick auf die Realität und behindert genau jenes Streben nach Gerechtigkeit, in dessen Dienst sie so oft steht? Aus historischer und etymologischer Sicht ist die Sache klar: Privilegien sind nicht allgemeine Vorteile, sondern spezifische Vorrechte. Wie in Kapitel 3 erwähnt, stecken im lateinischen Begriff »Privilegium« das Adjektiv »privus« (»einzeln«) und das Substantiv »lex« (»Gesetz«, »Gebot«, »Vertrag«). Entsprechend wird »Privilegium« mit »Ausnahmegesetz«, »Sonderrecht« oder »Vorrecht« übersetzt. Der ehemalige Bundespräsident Joachim Gauck fasst diesen nicht-entgrenzten Bedeutungsgehalt von »Privileg« präzise zusammen: »Privilegien sind ... Sonderrechte für eine Minderheit; sobald Rechte wie etwa das Wahlrecht allen zuerkannt werden, werden sie vom Privileg zum Allgemeingut, zur Norm.«[121] Auch der Hip-Hop-Künstler Akala verwendet in seinem in Kapitel 4 diskutierten Buch über Rassismus und Klassismus mehrmals einen eng gefassten Privilegienbegriff, etwa wenn er schreibt: »Die europäischen herrschenden Eliten [der USA] begannen, Privilegien wie das Recht, Waffen zu tragen, oder bestimmte privilegierte Positionen in der Plantagenwirtschaft auf der Grundlage der Hautfarbe bzw. des ›Weiß-Seins‹ zu vergeben, wie zum Beispiel das Sklavengesetz von Virginia aus dem Jahr 1705, das es strafbar machte, einen weißen christlichen Sklaven nackt auszupeitschen oder für Schwarze, Weiße zu beschäftigen oder zu besitzen. Außerdem wurden weiße Frauen mit Geldstrafen belegt, wenn sie uneheliche Kinder mit Negern [Negroes] oder Mulatten hatten, rassische Mischehen wurden mit Gefängnis bestraft und die Tötung von Sklaven durch den Sklavenhalter wurde legalisiert.«[122]

Ich plädiere für die Rückbesinnung auf einen solchen engen Privilegienbegriff, um spezifische Lösungen für spezifische Probleme zu finden. Eine über längere Zeiträume aufgrund diverser Faktoren entstandene vorteilhafte, aber nicht länger durch Gesetze und Institutionen garantierte Lage ist etwas anderes als eine direkte, rechtlich garantierte und institutionalisierte Privilegierung. Also muss anders damit umgegangen werden. Und gerade weil seine Etymologie (»privus« und »lex«) so eindeutig ist, ergibt die Entgrenzung des Begriffs »Privileg« wenig Sinn – das ist, als würde man darauf insistieren, alle Formen der Liebe unter »Sexualität« zu subsumieren, weil ja Liebe irgendwie oft mit Sex einher gehe.

Wenn es ein Privileg sein soll, gerecht behandelt zu werden, dann könnte, ja dann müsste man den Rechtsstaat in Privilegien- oder Vorrechtsstaat umbenennen. Grundrechte würden sich in Grundprivilegien oder Grundvorrechte verwandeln: »Jeder Mensch hat das Vorrecht auf körperliche und geistige Unversehrtheit.« Die Absurdität einer solchen Terminologie ist offensichtlich. Was mit der Kritik, bestimmte Gruppen verfügten über »Privilegien« in vielen Fällen gemeint ist, sind nicht »Privilegien« als Vorrechte, sondern schlicht die selektive oder tendenziöse Anwendung des Rechts beziehungsweise die Ignoranz gegenüber jenem Recht, das formal, auf dem Papier, für alle Menschen gleich ist. Warum also nicht genau davon sprechen? Warum nicht unmissverständlich das benennen, was der Fall ist, nämlich Ungerechtigkeit? Beharrt man, aus welchen Gründen auch immer, auf dem Begriff »Privileg« als Sammelbegriff für alles Mögliche, ist man in einer ähnlichen Situation wie eine Meeresbiologin, die bei jeder Erwähnung des Großen Sandaals hinzufügen muss, dass es sich bei den Fischen in Wahrheit nicht um Aale handele. Man könnte das arme, terminologisch diskriminierte Tier ja auch einmal umbenennen.

War von Privilegien die Rede, so konnte man viele Jahrhunderte lang voraussetzen, dass das Gemeinte des Gesagten, nämlich die Sphären von Recht und Gesetz, vom Gegenüber als solches verstanden wurde. Von einem König das Privileg zu erhalten, eine Fabrik zu eröffnen oder mit einer Ware zu handeln, bedeutete, eine *explizite* Erlaubnis zu erhalten. Diese Erlaubnis ist nicht zu verwechseln mit einem Recht oder einem Grundrecht. Dass einige privilegiert waren, hieß, dass die meisten anderen die jeweilige Erlaubnis *nicht* hatten und dass es *nicht* Normalität war, eine Fabrik oder ein sonstiges Gewerbe gründen zu dürfen: »Die altständische Gesellschaft baute auf gebundenem Privatrecht und rechtlicher Ungleichheit auf. Durch den Erwerb von Privilegien war es möglich, punktuell zahlreiche Freiheiten zu erwerben, ohne dass damit eine allgemeine Freiheit verbunden war. Dies galt sowohl für Städte als auch für Einzelpersonen.«[123]

In der heutigen Wirtschaft steht der vormodernen Privilegierungsbedürftigkeit die Gewerbefreiheit gegenüber. Gewerbefreiheit meint nicht, dass alle Marktteilnehmer ein Privileg haben. Das führte den Begriff »Privileg« ad absurdum. Sondern, dass es eben keines Privilegs bedarf, um auf dem Markt tätig zu werden. Ähnliches gilt mit Blick auf das Wahlrecht für Erwachsene in heutigen westlichen Demokratien. Von wenigen Ausnahmen abgesehen, steht es allen erwachsenen Staatsbürgern zu und verlischt auch dann nicht, wenn man es nicht wahrnimmt.

Privilegien sind, wie ich im ersten Kapitel am Beispiel der Netflix-Serie »Snowpiercer« gezeigt habe, kündbar. Allgemeine staatsbürgerliche Rechte sind es nicht oder nur in Ausnahmefällen. Hätte im Mittelalter ein Mensch vom Fürsten das Mühlenprivileg erhalten und keine Mühle betrieben, so wäre ihm das Privileg schnell entzogen worden. Anders verhält es sich mit dem Wahlrecht in modernen Demokratien. Auch die Staatsbürgerschaft als solche, etwa qua *Ius sanguinis* oder *Ius soli*, ist in liberalen Demokratien kein »Privileg«, das einigen wenigen Auserwählten verliehen und je nach herrschaftlichem Belieben wieder entzogen werden kann. Sie wird aufgrund von Blutsverwandtschaft (Familie) oder Geburtsort allen zuteil, nicht nur unabhängig vom eigenen Tun oder Nichttun, sondern auch unabhängig von der politischen Haltung und der Religionszugehörigkeit. Andere Menschen können die Staatsbürgerschaft in geordneten Verfahren erwerben, wenn es sich um einen Rechtsstaat handelt. Zum Vergleich: Die Nationalsozialisten unterteilten die deutsche Bevölkerung unter anderem in Reichsbürger, einfache Staatsangehörige und weitestgehend rechtlose Gruppen. Zu ersterer Kategorie zählten sie Deutsche, die sowohl dem Phantasma des NS-Rassekonstrukts entsprechen sollten als auch der nationalsozialistischen Bewegung treu ergeben sein mussten. Zur zweiten Kategorie zählten sie »rassefremde« Menschen. Zur letzten unter anderem Juden und Roma. Juden und Roma wurden Schritt für Schritt entrechtet oder genauer gesagt: durch Verrechtlichung zu Rechtlosen gemacht und damit der Vernichtung preisgegeben. Wechsel in eine höhere Kategorie waren praktisch unmöglich. Nur Reichsbürger hatten volle, gesetzlich verbürgte Rechte. Sie waren damit privilegiert. Umso zynischer war es, dass Hitler immer wieder von einer Gesellschaft ohne Privilegierte fabulierte, etwa in seiner letzten Neujahrsansprache vom 1. Januar 1945: Die Deutschen erbrächten Opfer für eine »Gesellschaftsordnung, die mit allen Vorrechten aufräumt und damit das ganze Volk nicht nur zum Träger gleicher Pflichten, sondern auch gleicher Lebensrechte macht ...«[124] Um dieses Ziel zu erreichen, musste das Volk von allen störenden Elementen gesäubert werden. Nicht liberale Rechtsgleichheit in Verschiedenheit war mit »Gleichheit« gemeint, sondern Identität von Blut und Ideologie. Der arische Staat wäre also kein Staat ohne Privilegierte gewesen, sondern ein privilegierter Staat, in dem – eine vollendete Tautologie – ausschließlich Privilegierte leben. Wer den Begriff »Privileg« entgrenzt, läuft Gefahr, solche Privilegierungen zu relativieren.

Entscheidend ist, dass Privilegien formal an einzelne Personen oder Gruppen verliehen oder zurückgezogen werden. Und zwar von hierarchisch übergeordneten Instanzen. Privilegien können zwar mündlich formuliert und tradiert werden, liegen in Neuzeit und Moderne jedoch meist in kodifizierter, also schriftlicher Form, vor. Charakteristisch für Privilegien ist damit Explizitheit. Im Gegensatz zu diffuseren Vorteilen, die sich über lange Zeiträume kumulativ herausbilden, lassen sich so verstandene Privilegien vorweisen, etwa in Form von Dekreten, Schutz- oder Freibriefen. So warben russische Zaren im 19. Jahrhundert um westeuropäische Siedler mit dem Privileg der Steuerbefreiung beziehungsweise der Befreiung vom Militärdienst. Die »Bessarabiendeutschen« auf dem Gebiet der heutigen Ukraine und der Republik Moldau erfuhren als Siedler eine verbriefte Ungleichbehandlung zu ihrem Vorteil, also eine Privilegierung im Vergleich zur einheimischen Bevölkerung. Einheimische russische Männer konnten jederzeit als Kanonenfutter eingezogen werden, während die Neuankömmlinge vom Kriegsdienst verschont blieben. Im Gegenzug modernisierten sie die Landwirtschaft. Auf diese Weise entstand eine Win-win-Situation. Beide Seiten nahmen Nachteile in Kauf (die Siedler mussten sich in der Fremde neu orientieren, dem Zarenhof entgingen Einnahmen) und genossen zugleich Vorteile.

Dieses Beispiel zeigt: Privilegien können auch dadurch erlangt werden, dass Menschen Risiken eingehen, während andere Menschen sie vermeiden. Das Privileg ist dann die Belohnung für den außergewöhnlichen Einsatz, ein Bonus für besondere Leistungen. Oder dadurch, dass sich Menschen auf Neues einlassen, während andere Menschen davor zurückschrecken und beim Vertrauten bleiben. Auch in diesem Zusammenhang gilt es jedoch zu differenzieren: Manche Menschen *müssen* Risiken eingehen, wenn sie vorankommen wollen, während andere sie eingehen *können*, weil sie bereits in einer recht komfortablen Situation sind und wissen, dass ihnen im Falle des Falles aus der Patsche geholfen wird. Warum zockte die Bank Lehman Brothers so hemmungslos, dass sie 2008 eine Finanzkrise auslöste? Weil sie zu wissen glaubte, dass der Staat sie retten werde, falls sie scheitere – *too big to fail*. Allein, sie hatte sich auch da verzockt. Lehman ging pleite. Solche fallspezifischen Betrachtungen sollten in allen Privilegiendebatten vorgenommen werden; immer wieder aufs Neue, immer wieder mit scharfem Blick auf das Konkrete und Empirische. Manche wollten Privilegien. Manche wollten sie nicht, da mit Privilegien auch Risiken, Aufwand, Pflichten, Verantwortung einhergehen können. Manche gingen Risiken ein, weil sie privilegiert waren, manche, weil sie Privilegien erlangen wollten.

Blendet man Explizitheit, Verleihung und Entzug von oben aus, um Privilegierungen nebulösen, alles durchdringenden »Strukturen« zuzuordnen, leistet man Obskurantismus Vorschub. Diejenigen, die sich angestrengt haben, kreativ wurden, sich aufgelehnt haben gegen das vermeintliche Schicksal, um sich und ihren Kindern ein besseres Leben zu ermöglichen, finden sich dann in einem Lager mit denjenigen wieder, die von Mächtigen gezielt und auf Kosten anderer begünstigt werden. Die Mächtigen haben dann gut lachen, können sie sich doch auf komfortable Weise aus der Verantwortung ziehen: Nicht ich, sondern die Struktur privilegiert! Das ist die Kehrseite der in Teilen berechtigten Individualismuskritik. Die »Struktur« wird dann zum eigentlichen, aber kaum je greifbaren Gegner. Die diffuse »Struktur« und das diffuse »Privileg« verhalten sich zu den konkreten Handelnden wie das diffuse »Wir« zu Regierungsverantwortlichen in den Reden von Politikern. So sagte der deutsche Bundespräsident Frank Walter Steinmeier 2022 über den Angriffskrieg Russlands gegen die Ukraine: »Das wirklich Traurige ist, dass wir in vielen Punkten gescheitert sind. Wir sind gescheitert mit dem Bemühen der Errichtung eines gemeinsamen europäischen Hauses – die große Vision von Gorbatschow –, wir sind gescheitert mit dem Bemühen, Russland einzubinden in eine europäische Sicherheitsarchitektur, wir sind gescheitert mit dem Bemühen der Charta von Paris, auch Russland mitzunehmen auf dem Weg Richtung Demokratie und Menschenrechte.«[125] Zwar gilt in Demokratien: kein Politikversagen ohne Bevölkerungsversagen. Doch Steinmeiers »Wir« verbirgt mehr, als es erhellt. Es suggeriert kollektive Übereinstimmung, wo Dissens bestand. Es flüchtet sich ins Ungefähre, wo Namen fallen müssten: Gerhard Schröder. Angela Merkel. Ihre Minister. Ihre Beamten. Ihre Berater. Diese Lobby. Jene Lobby. Es blendet aus, wer alles nicht »wir« ist. Wer beispielsweise seit Langem vor der Pipeline Nord Stream 2 und ihrer geopolitischen Brisanz warnt. Grünen-Politiker wie Annalena Baerbock, Ralf Fücks, Marieluise Beck. Die amerikanischen Präsidenten der letzten Jahrzehnte, von George W. Bush über Barack Obama und Donald J. Trump bis zu Joe Biden. Zahllose mittelosteuropäische Intellektuelle und Politiker aus allen möglichen Parteien. Vergleichbar mit dem entgrenzten, alles und nichts greifenden Privilegienbegriff ist das »Wiesel-Wir«, in den Worten des Autors Wolf Lotter, »skalierbar wie ein industrielles Massenprodukt, und das ist auch kein Zufall, denn in der Zeit des Industrialismus wurde es auch entwickelt«.[126]

Dabei gibt es sie ja auch heute noch, die klassischen Privilegien, die ihren Namen verdienen. Landeskirchen beispielsweise genießen in Deutschland staatliche Privilegien. Der Staat zieht Steuern für sie ein und unterstützt sie mit Beiträgen aus Steuergeldern. Er tut dies, obwohl ihr Status in vergleichsweise säkularen Zeiten des »nachmetaphysischen Denkens« (Jürgen Habermas) eine solche Vorzugsbehandlung schwerlich rechtfertigt. Auch die Lebensgemeinschaft der Familie wird privilegiert. Diplomaten werden privilegiert. Solche konkreten Privilegien werden verwässert, wenn sie mit historisch gewachsenen Verhältnissen, zu deren Entstehung Privilegierungen ebenso beigetragen haben wie unzählige andere Faktoren, bis hin zum Wetter, gleichgesetzt werden. Die Kontingenz der Geschichte, mit all ihren nichtlinearen Dynamiken und dem ewig unsicheren Grenzgebiet zwischen Kausalität und Korrelation, wird dann tendenziell ununterscheidbar von dem, was Menschen intentional, in vollem Bewusstsein in Rechtsordnungen kodifizieren.

Wendete man nun ein, dass Vorteile von heute noch immer auf Privilegien von gestern beruhen, so ließe sich entgegnen, dass die Privilegien von gestern wiederum auf individuellen Verdiensten von vorgestern beruhen können. Irgendwer habe eben härter gearbeitet, sei gewitzter gewesen, habe Chancen ergriffen statt zu zaudern, weshalb die betreffende Person von einer anderen Person – oder Institution, Organisation – in eine vorteilhafte Position gebracht worden sei. In dieser Position habe sie sich zudem bewähren müssen, das passiere nicht von allein. Auch habe sie dafür sorgen müssen, dass ihre Kinder den einmal erreichten Standard halten oder ausbauen, was viel Arbeit bedeute. Das könne man mit Infrastruktur vergleichen. Gebaut sei schnell einmal. Aber die Erhaltung, was für ein Aufwand! Und tatsächlich: Wird dieser Aufwand nicht erbracht, kann es mit Familien schnell bergab gehen. Man denke etwa an Agostino Chini, einen Superreichen und Supermächtigen der Renaissance, Kaufmann und Banker der Päpste. Nach seinem Tod vergeudete sein Sohn Lorenzo das Vermögen des Vaters, das Bankhaus trudelte in die Insolvenz. Oder man denke an Norman Davies' brillantes Buch »Verschwundene Reiche. Die Geschichte des vergessenen Europa«. Oft hat man bei den »Privilegierten« nur diejenigen vor Augen, die noch da sind. Man sieht die Reichen, Schönen, Mächtigen. Was man nicht sieht, sind alle diejenigen »Privilegierten«, die es nicht geschafft haben. Diejenigen, die abgestiegen oder untergegangen sind. Diese Normalität des Untergangs von Herrschern, Machtapparaten, Staatsgebilden hat Davies' Buch zum Gegenstand. Man sollte somit die historische Realität des Privilegien-Verlierens in heutigen Debatten ebenso auf dem Schirm haben wie die Realität des Privilegien- oder Vorteile-Bewahrens.

Vereinfacht lässt sich zusammenfassen, dass überall dort, wo allgemeine Rechtsgleichheit an Bedeutung gewann und, gegen viele Widerstände und trotz vieler Hindernisse, schrittweise realisiert wurde, Privilegierungen und Privilegien an Bedeutung verloren, in Misskredit gerieten und seitdem negativ konnotiert sind – insbesondere solche erblicher Art, da sie sich mit dem im 19. Jahrhundert popularisierten liberalen Leistungsprinzip und der Betonung individuellen Engagements nicht vertragen. Dass das liberale Leistungsprinzip heute vielerorts einen schlechten Ruf hat, ja von manchen als Motor von Ungleichheit und Ungerechtigkeit angesehen wird, zeugt von Geschichtsvergessenheit. Es war genau dieses liberale Prinzip, das dazu beigetragen hat und weiter dazu beiträgt, durch erbliche Privilegien, Nepotismus und Klientelismus entstandene strukturelle Ungerechtigkeit zu durchbrechen. Wer im Liberalismus nur einen Hort sozialer Kälte sieht, denkt oberflächlich und macht sich der Scheinheiligkeit verdächtig.

Scheinheilig ist aber auch der Diskurs derjenigen, die ausblenden, dass der real existierende Liberalismus im 19. Jahrhundert einen nur halbherzigen Kampf gegen die Profiteure des Feudalismus und gegen Geburtslotteriegewinner führte. Der konservative Rechtsphilosoph Friedrich Julius Stahl stellte in seinen posthum publizierten Vorlesungen »Die gegenwärtigen Parteien in Staat und Kirche« (1863) fest, die Liberalen seiner Zeit hielten »Gleichheit« und »Volkssouveränität« zwar in der Theorie hoch, in der Praxis jedoch verhülfen sie zur Herrschaft nur dem »Mittelstand, [den] Vermöglichen, Gebildeten, das ist eben nur sich selbst. [...] Diese *Halbdurchführung der Principien der Revolution* ist es, was die Parteistellung der Liberalen charakterisirt.«[127] Und mit beißendem Spott fügte er hinzu: »Die beiden privilgirten Stände des Mittelalters verdienten sich ihr Privilegium, der Adel dadurch, daß er das Leben wagte, der Klerus dadurch, daß er dem Leben entsagte. Der gegenwärtige privilegirte Stand, die Mittelklasse, will sein Privilegium nur in Behagen genießen. Deshalb ... ist die Erbitterung der unteren Klassen gegen ihn stärker, als je gegen die Geburtsaristokratie.«[128] Hier wird ein Topos vorformuliert, den Rechts- und Linksextreme im frühen 20. Jahrhundert aufgreifen sollten: Liberale, das sind Dekadente, Verweichlichte, Hedonisten, Kompromissler. Privilegierte eben, die sich mit allerlei Tricks an der Macht halten und eigentlich nur den Wonnen des Konsums frönen wollen.

Auch wenn in diesen Diagnosen mitunter ein Körnchen Wahrheit liegen mag, gilt es doch, genau hinzuschauen. Wenn Liberale mit ihrer Politik tatsächlich den »Mittelstand« in seiner bestehenden Form konservieren, statt ihn auszubauen, ist Stahls Kritik und die seiner – amüsanterweise heute mehrheitlich linken – Nachfolger im Geiste berechtigt. Wenn Liberale aber für evolutionäre statt revolutionäre Prozesse plädieren, weil diese aus ihrer Sicht konstruktiver und nachhaltiger sind; wenn sie aufzeigen, dass guter Wille noch keine soziale Gerechtigkeit erzeugt; wenn sie Menschen Schritt für Schritt zum Aufbau von Vermögen und Bildung befähigen wollen, weil Umverteilung noch nicht bedeutet, dass die Begünstigten mit dem Umverteilten gut umgehen können, ist ihre Position ernst zu nehmen.

Stahl nennt Adel und Klerus als traditionelle Privilegierte. Im Resonanzraum des Begriffs »Privileg« schwingt entsprechend die Erinnerung an die Exklusivsprache der alten Eliten mit. Privilegien wurden einst von jenen Mächtigen vergeben, die meist auch das Lateinische beherrschten, etwa von Päpsten und Bischöfen, Kaisern und Königen. Noch heute nutzen Sprechende und Schreibende, ob im deutschen oder englischen Sprachraum, lateinischstämmige Fachbegriffe, um soziale Distinktion zu markieren. Das wirkt insbesondere dann unfreiwillig komisch, wenn, wie in vielen Werken der Kritischen Theorie, mit gespreizter, vor lateinischstämmigen Wörtern nur so strotzender Sprache eine Kritik des Establishments und überkommener Machtapparate wie der römisch-katholischen Kirche zum Ausdruck gebracht werden soll. Inhaltlich betreibt man Elitenkritik, etymologisch wandelt man in den Fußstapfen derer, die man kritisiert. Vielleicht ist das ja einer der Gründe, warum sich die Kritik an »Privilegien« in akademischen Kreisen so großer Beliebtheit erfreut: Es tönt einfach imposanter und bedeutsamer, als von Ungerechtigkeit oder Benachteiligung zu sprechen.

Wenn deutschsprachige Autoren in der Vergangenheit soziale Ausgrenzung und Ungerechtigkeit thematisierten, dann war es keineswegs ausgemacht, dass sie, wie es heute im Zusammenhang mit US-amerikanisch geprägten Diskursen der Fall ist, »Privilegien« kritisierten. In den bewegenden Texten der 1885 geborenen Mitbegründerin der Dada-Bewegung Emmy Hennings etwa wird die prekäre Situation der Autorin geradezu körperlich spürbar. Die Gleichgültigkeit oder die Grausamkeit vieler Bessergestellter zur Zeit der Weimarer Republik erschließt sich in »Gefängnis« (1919), »Brandmal« (1920) oder »Das graue Haus« (undatiertes Typoskript) durch lebendige Schilderungen; die Frauenfeindlichkeit ihrer Zeitgenossen bedarf keines spitzfingrigen Vokabulars, um als solche plastisch zu werden. Entsprechend fehlt der Begriff »Privileg« in den fraglichen Texten. Selbst das von Karl Marx und Friedrich Engels verfasste »Manifest der Kommunistischen Partei« (1848) ist frei von »Privilegien«, obwohl sich eine Polemik gegen das Bürgertum als »privilegierte Klasse« geradezu aufgedrängt hätte.

(Un-)Verdiente Vorteile?
Was Privilegientheorien privilegieren

Im vorigen Kapitel habe ich argumentiert, dass Privilegien enger definiert werden sollten. Abschließend möchte ich an einem konkreten Beispiel genauer aufzeigen, wie es zur Entgrenzung des Begriffs, gleichsam zum »Privilege Creep«, kam. Dass »Privilegien« heute fast alles meinen können, aber de facto vor allem Unerfreuliches, Ungerechtes, Unzeitgemäßes meinen, hat neben der Übernahme des alltagssprachlichen Wortgebrauchs aus dem angloamerikanischen Raum maßgeblich mit dem Wirken der 1934 geborenen Aktivistin Peggy McIntosh zu tun. Als ich im Jahr 2020 in der Wochenzeitung »Zeit« einen Debattenbeitrag über Privilegien veröffentlichte und argumentierte, der Begriff »Privileg« greife nicht und »weiß« sei, man denke nur an Osteuropa, nicht identisch mit »privilegiert«, publizierte der Politikwissenschaftler Cord Schmelzle eine Replik auf der Plattform www.theorieblog.de.[129] Darin berief er sich auf McIntoshs prägende Rolle für das weit gefasste Verständnis von »Privilegien« und verteidigte dieses. Seine Kritik war durchaus differenziert und fair, etwa wenn er darauf hinwies, dass gleiche Regeln für alle noch lange keine faktische Gleichbehandlung bedeuten; dass sich gleiche Regeln ungleich auswirken können; dass in einem Spiel immer auch die Schiedsrichter entscheidend sind. Diese Aspekte kamen in meinem knappen Zeitungsartikel zu kurz; im vorliegenden Buch sollte klar geworden sein, dass ich die Defizite der heutigen Privilegiendebatten nicht nur aus der Etymologie des Rechtsbegriffs »Privileg« ableite, wie Schmelzle meinte, sondern auch aus der Schwammigkeit aktivistischer Privilegientheorien, aus dem Gebrauch des Begriffs als Waffe, aus der einseitig negativen Nebenbedeutung »unverdient« sowie aus irreführenden Kollektivkategorien wie »weiß«. In einigen Punkten war Schmelzles Kritik jedoch typisch für eine Verzerrung der Auseinandersetzung, wie sie auch im *Privilege Shaming* betrieben wird. Diese Punkte werde ich im Folgenden exemplarisch für blinde Flecken in Debatten über Privilegien aufgreifen und zu McIntoshs Schriften in Bezug setzen.

Schmelzle eröffnet seinen Text mit der Unterstellung, ich wolle »der Kritik an der strukturellen Benachteiligung von Frauen und People of Color durch eine künstlich verengte Lesart des Privilegienbegriffs den Wind aus den Segeln ... nehmen«. Davon ist in meinem Essay jedoch nicht die Rede. Karl R. Poppers Kommunikationsregel Nummer eins, »jeder Mensch hat das Recht auf die wohlwollendste Auslegung seiner Worte«, zumal wenn sie weder aus einer radikalen noch extremistischen Ecke stammen, kam bei Schmelzle nicht zur Anwendung. Fast schien es, als wünsche sich der Autor einen echten Reaktionären herbei. Doch um »Wind aus den Segeln nehmen« ging es mir gerade nicht. Vielmehr beschäftigte und beschäftigt mich die Frage, wie man den Wind beim Kurs auf Gerechtigkeit am besten nutzt. In meiner Argumentation bezog ich mich ausgerechnet auf eine »Person of Color«, nämlich auf den von mir seit Teenagertagen verehrten afroamerikanischen Rapper Ice-T und den Song »No Lives Matter« (2017) seiner Crossoverband Body Count. Ich argumentierte, dass Ice-Ts Betonung klassistischer Aspekte in den US-amerikanischen Debatten über *Race* differenzierter sei als die Phrasen derjenigen Aktivisten, die einen isolierten, schwammigen Identitätsaspekt – Hautfarbe, *Whiteness* – mit dem Status »privilegiert« auf essenzialistische Weise ineinssetzten.

Ice-T ist jemand, der sich seine heutigen »Privilegien« – Reichtum, Prominenz, kulturellen Einfluss – erarbeitet und verdient hat.

Zugleich ist er ein Kritiker derjenigen, die behaupten, man müsse sich als »Schwarzer« nur anstrengen, dann schaffe man es schon. Doch während Meritokratie von manchen pauschal mit Privilegiensicherung und latentem Sozialdarwinismus assoziiert wird, spielt sie bei Autoren wie Ice-T eine andere Rolle, nämlich den des Motors sozialer Mobilität. Treffend schrieb Dorian Lynskey 2016 in der britischen Tageszeitung »Guardian«: »Die [frühe] Hip-Hop-Kultur war eine wahre Meritokratie, in der Talent und Chuzpe einen Unbekannten zu einer Legende des Stadtviertels machen konnten.«[130] Anstatt mit dem Verweis auf »Privilegien« das Trennende zu betonen, brachte Ice-T zudem mit Body Count in den 1990er-Jahren die »weißen« und »schwarzen« Kulturen von Metal und Hip-Hop auf niederschwellige Weise zusammen. Genau diese auch auf dem Markt erfolgreiche Zusammenführung machte ihn selbst zum »Privilegierten«. Der einstige Kleinganove aus South Central, Los Angeles, bringt somit andere Sichtweisen und Erfahrungen mit als Menschen aus gutem Hause, die fast ihr gesamtes Leben an Schulen und Hochschulen verbracht haben. Dass solche biografischen Erfahrungen zählen, ist eine der wichtigsten Lehren aus der US-amerikanischen Identitätspolitik, die ich in meinem Buch »Identität im Zwielicht« (2021) kritisch gewürdigt habe.

Eine afroamerikanische Stimme aus der Popkultur wie Ice-T spielte im Diskursuniversum von Schmelzle offenbar keine Rolle. Zumindest ging er in seiner Replik gar nicht erst auf Ice-T ein. Stattdessen berief er sich als »weißer« Akademiker auf eine »weiße« akademische Autorität: die wohlhabende, arrivierte, von Geburt an »privilegierte« US-Amerikanerin Peggy McIntosh. Schmelzle verblieb in einem streng abgezirkelten Bereich der Diskurse jener, die man in ebenjenem Bereich als »privilegiert« bezeichnet.

Mit meinem persönlichen Verständnis von Diversität und Pluralismus, das sich nebst dem Akademischen stark aus dem Lebensweltlichen, der Alltagserfahrung, der Popkultur; mithin aus einer Vielzahl von Milieus, Szenen, Denkkollektiven speist, ist ein solches Autoritätsargument nicht vereinbar. Schmelzle genügte es zu sagen: Der heutige Gebrauch des Begriffs »Privileg« geht auf die Autoritätsperson McIntosh zurück. Punkt. Mit Walter Benjamin gesprochen, verharrte er bei »jenem privilegierten Wissen um den rechten Weg, das die verhängnisvollste Metamorphose des Bildungsprivilegs darstellt«.[131] Dabei hat McIntosh längst selbst zugestanden, der Begriff »Privileg« sei missverständlich, was ja der zentrale Punkt meiner Argumentation war. Schon im Jahr 1988 schrieb sie in »White Privilege and Male Privilege: A Personal Account of Coming to See Correspondences Through Work in Women's Studies« und ein Jahr später fast wortgleich in »White Privilege: Unpacking the Invisible Knapsack«: »Mir erscheint das Wort ›Privileg‹ heute als irreführend. Gewöhnlich denken wir bei Privilegien an einen bevorzugten Status, sei er verdient oder durch Geburt oder Glück verliehen. Doch einige der von mir hier beschriebenen Bedingungen führen auf systematische Weise zu einer Übermacht bestimmter Gruppen. Ein solches Privileg verleiht einfach eine Vormachtstellung aufgrund der Rasse oder des Geschlechts.«[132] Überzeugend differenziert sie weiter zwischen »verdienter Stärke« und »systematisch verliehener unverdienter Macht«. Stärke ist etwas, das man sich eher individuell erarbeiten kann als Macht, da letztere organisierter Unterstützung durch andere bedarf. Wer qua Geburt auf größere Unterstützung durch andere zählen kann und von einem Netzwerk profitiert, hat Machtvorteile. Was man daraus macht, ist eine andere Sache. Irritierend und unlogisch aber ist es, dass McIntosh erst schreibt, der Begriff »Privileg« sei irreführend, nur um den »bevorzugten Status« doch wieder »Privileg« zu nennen. Es bleibt unverständlich, was den Begriff so unverzichtbar machen soll.

Auffällig war die ideologische Schlagseite von Schmelzles Kritik. In seiner Replik spielten nur »unverdiente Vorteile« eine Rolle, während McIntosh »verdiente Vorteile« immerhin am Rande erwähnt – ohne jedoch zu erläutern, worin denn »verdiente Vorteile« eigentlich bestehen, wodurch sie sich auszeichnen. Polemisch gesagt: »Unverdiente Vorteile« werden bei McIntosh und Schmelzle privilegiert, »verdiente Vorteile« diskriminiert. Auch »verdiente Stärke« ist bei McIntosh eine Formulierung ohne Fundierung. Das kommt so rüber, als sei Ungleichheit nur durch Unverdienste erklärbar, nicht durch Verdienste. Damit verhält sich McIntoshs Ansatz umgekehrt symmetrisch zu Ansätzen, die individuelle Verdienste betonen, ohne darlegen zu können, wo das Individuelle beginnt, wo es endet.

Eines aber ist klar: McIntoshs Schriften und Vorträge über Privilegien sollen den »weißen« Mythos, dass alle »das erreichen, was sie anstrebten, wofür sie arbeiteten, verdienten [earned] und verdienten [deserved]« durchkreuzen.[133] In den USA mag dieser Mythos aus den in den vorigen Kapiteln genannten, durchaus diversen Gründen noch immer eine starke Prägekraft haben. In den heutigen Sozialstaaten Europas ist er indes schwächer ausgeprägt. Weite Teile der Generation der Millennials glauben ohnehin längst nicht mehr daran, ganz zu schweigen von anderen Weltgegenden mit kommunistischen oder theokratischen Regimen. Gerade außerhalb der USA sind McIntoshs Begriffe und Theorien somit fragwürdig und dürfen nicht einfach auf andere Sachverhalte projiziert werden. Dennoch hat Schmelzle sie weitestgehend unverändert übernommen; in offener aktivistischen Texten kommen sie im deutschsprachigen Raum routiniert zur Anwendung. So konstatierte Nadia Shehadeh 2017 im »Missy Magazine«: »Privilegien sind – je nach Kontext unterschiedlich ausgestaltete – unverdiente Vorteile, die eine Person genießt.«[134] Hier liegt eine klassische *Petitio Principii* vor. Eine selbsternannte Autorität definiert, was Sache ist, ohne die dogmatische Setzung zu begründen. »Unverdient«. Keine weitere Diskussion!

Aussagekräftig ist immer auch, was Autoren nicht sagen oder worauf man sie stoßen muss, bis sie es, zähneknirschend, als relevant anerkennen. Dogmatische Linke sprechen von sich aus eher selten von »verdienten Vorteilen«, während man dogmatische Verfechter des Mythos vom Selfmademan eher selten von »unverdienten Vorteilen« sprechen hört. Die Denkstrukturen beider Gruppen ähneln sich, auch wenn sie mit je unterschiedlichen Inhalten befüllt werden. Wer aber von »unverdienten Vorteilen« spricht, muss definieren können, was eigentlich »verdiente Vorteile« sind und wo die Grenze zu den »unverdienten« verläuft. Keine ganz leichte Übung, wenn es konkret wird. Und wohl deshalb ein Desiderat im Diskurs. Hier werden die Willkür und Beliebigkeit des entgrenzten Privilegienbegriffs deutlich. Sehr vieles, was sich jemand »verdient« hat, kann, wenn es das jeweilige Interesse erfordert, auf etwas »Unverdientes« zurückgeführt werden und umgekehrt.

Schmelze erwähnt weiter den Fortbestand »ungleiche[r] Startbedingungen« aufgrund von »strukturellen Ungerechtigkeiten«. Damit impliziert er die Möglichkeit gleicher Startbedingungen. Gleiche Startbedingungen kann es jedoch nicht geben. Nicht in dieser Welt. Nicht in diesem Universum. Nicht in Raum und Zeit. Vor allem nicht bei Menschen, die nicht nur nach Gleichheit streben, sondern auch nach Distinktion. Und schon gar nicht in einer pluralistischen Gesellschaft, die unterschiedliche Bedürfnisse und Talente anerkennt. Manche wollen mehr. Manche wollen weniger. Manche wollen *High Performer* sein. Manche wollen öfter mal chillen. Manche sind mit einem Körper für eine Gewichtheberkarriere geboren. Manche sind mit einem Körper für eine Marathonläuferkarriere geboren. Manche fühlen sich im Wald am wohlsten, manche im Büro.

Was es geben kann, sind gerechte Startbedingungen. Von denen ist bei Schmelzle aber nicht die Rede. Der Fokus liegt auf Gleichheit. Was Einzelne aus gerechten Bedingungen machen, ist, mit Ice-T gesprochen, immer auch – die Betonung liegt auf *auch*! – Sache der Einzelnen selbst, nicht nur der »Strukturen«: »Egal, wer du bist ... Es gibt Dinge, die du PERSÖNLICH tun musst. DU, niemand sonst. Und wenn DU sie nicht tust ... dann werden sie nicht erledigt. Punkt.«[135] Wer Menschen nur als passive Opfer adressiert, diskriminiert sie umso mehr. Diesen für Ice-T selbstverständlichen Aspekt muss man bei vielen linken Autoren oft mit der Lupe suchen, während ihn viele liberalkonservative oder libertäre Autoren, nun ja: privilegieren. Beide Ebenen gegeneinander auszuspielen, ist das Geschäft von Ideologen und Demagogen. Man kann es nicht oft genug wiederholen: Relationieren, nicht relativieren lautet das Gebot.

Man könnte nun einwenden, »Gleichheit« meine natürlich nicht faktische Gleichheit, sondern irgendeine diffuse Gleichheit-als-Gerechtigkeit-als-prinzipielle-Möglichkeit-etc.-usw.-usf. Aber dann verhält es sich genau wie mit dem entgrenzten Begriff »Privileg«. Wenn Gleichheit irgendwie Gerechtigkeit meint und ein Vorrecht irgendwie das Gleiche ist wie ein Recht, fühlen sich alle Gruppen ermuntert, die Begriffe in ihrem Sinne als Instrumente für ihre Interessen zu gebrauchen. Mit Entgrenzung ist nichts gewonnen außer sinnlosen und zermürbenden Diskussionen darüber, was eigentlich gemeint ist.

Was also ist das entgrenzte Verständnis von »Privilegien«, das McIntosh geprägt und als Aktivistin wie auch Forscherin und Beraterin popularisiert hat? Kurz gesagt definiert McIntosh Privilegien wesentlich ex negativo: In einer bestimmten Hinsicht keinen Nachteil zu haben, ist für sie ein Privileg. In diesem Sinne hat sie Listen angelegt, in denen nachzulesen ist, in welchen Kontexten ihre Hautfarbe *kein* Problem darstellt, während sich andere Hautfarben, trotz gleicher Rechtslage, negativ auswirken. Wenn sie beispielsweise medizinische oder juristische Hilfe benötigt und ihre *Race* ihr dabei nicht zum Nachteil gereicht, läuft das für McIntosh unter »White Privilege«. Fair und gesetzeskonform behandelt zu werden, gilt damit als Vorrecht. Wie ich in Kapitel 1 erläutert habe, kann man zwar argumentieren, »Privileg« beziehe sich von nun an nicht nur auf Rechtliches und meine nicht länger »Vor-« oder »Sonderrecht«, sondern alles Mögliche. Dann verschleiert der vornehm tönende Begriff jedoch mehr, als er sichtbar macht. Anstatt von »Privileg« ließe sich einfacher und klarer von der ungerechten Behandlung bestimmter Gruppen und Individuen bei formal gleicher Rechtslage sprechen. Denn in liberalen Demokratien haben wir es in vielen Fällen – in *vielen*, nicht allen! – nicht mehr mit »Privilegierung« zu tun, sondern mit der inkonsequenten Umsetzung bestehenden Rechts sowie mit mangelhafter Gleichbehandlung im Alltag infolge von Gewohnheit, Vorurteilen, Dünkel, Faulheit und Ideologie.

McIntosh betont einerseits, dass ihre Listen nicht aus dem autobiografischen Kontext gerissen werden sollen: »Meine Listen mit unverdienten Privilegien sind keine ›Checklisten‹ oder Fragebögen. Die Listen sind auch keine Bekenntnisse [confessional readings].«[136] Stattdessen beziehe sich ihre Arbeit spezifisch auf ihr eigenes Beispiel (»my own sample«). Es gehe somit nicht um »alle weißen Menschen«.[137] Dennoch verwendet sie unablässig diffuse Kollektiva wie »White People«, etwa im Aufsatz »White People Facing Race. Uncovering the Myths that Keep Racism in Place« (2009). Aus klandestinen Quellen scheint sie erfahren zu haben, was »weiße« Menschen in den USA umtreibt: »Diejenigen von uns, die in den Vereinigten Staaten weiß sind, fühlen sich berechtigt [›entitled‹ bedeutet im Englischen auch ›privilegiert‹], sich gut zu fühlen, weil wir von den negativen Aspekten der weißen Geschichte abgeschirmt worden sind.«[138] Sie sieht in die Hirne und Herzen von Millionen, wenn sie feststellt:

»Wir weigern uns, uns mit dem Thema Rassismus auseinanderzusetzen, weil wir befürchten, dass unser Selbstverständnis als ›gute Menschen‹ im ›großartigsten Land‹ der Welt Schaden nimmt.«[139]

Was McIntosh eigentlich meint, sind bestimmte politische, soziale, religiöse und ökonomische Gruppen von »Weißen«; ihren jeweiligen Habitus, ihre Ideologien, ihre Handlungen. Diese aber sollten, wie ich schon mit Blick auf DiAngelo argumentiert habe, klar benannt werden, anstatt sie wie eine Brausetablette im Weißwasser aufgehen zu lassen. In seinem lesenswerten Buch »I'm Not a Racist, But ... The Moral Quandary of Race«[140] differenziert der US-amerikanische Moralphilosoph Lawrence A. Blum stärker als McIntosh zwischen verschiedenen »weißen« Gruppen und warnt vor den Schnellschüssen der »New Racism Theories«, die etwa die Kritik an *Affirmative Action* reflexhaft auf rassistische Vorurteile zurückführen. Auch gilt für Blum: »Wenn ›weiße Privilegien‹ eine Art ist, über Ungerechtigkeit zu sprechen, müssen wir anerkennen, dass nicht jede rassische Ungleichheit eine rassische Ungerechtigkeit ist; daher zählen nicht alle Formen von Vorteilen für Weiße als ›weißes Privileg‹.«[141] So ist es. Genau hier beginnt die eigentliche Arbeit; die soziologische, die erkenntnistheoretische wie auch die politische und aktivistische. Zugleich kritisiert Blum populistische Polemik gegen die »New Racism Theories«, die ihrerseits auf stereotypisierende Muster zurückgreift und beispielsweise die Ansicht vertritt, »Schwarze« müssten sich halt ein bisschen mehr anstrengen, dann gelänge ihnen der soziale Aufstieg schon: »Die gesamte Gruppe der Schwarzen herauszugreifen und zu stigmatisieren und diese banale Wahrheit nicht auf die Mitglieder jeder anderen Race-Gruppe anzuwenden, fügt den Schwarzen ernsthaften Schaden zu – und zeugt von einem tiefen Missverständnis der amerikanischen sozialen Realität.«[142] Im Gegensatz zu McIntosh und DiAngelo liefert Blum mit seinem multiperspektivischen Buch das, was man von Wissenschaft erwarten darf. Wissenschaft soll konsequent, nicht nur satz- oder absatzweise, differenzieren, und selbst in der Verallgemeinerung differenziert bleiben. Wissenschaft sagt den Menschen nicht, wie sie sich entscheiden und was sie tun sollen. Sie verspricht ihnen kein besseres Leben. Vielmehr schafft sie die bestmöglichen Grundlagen für Entscheidungen und Handlungen. Während Blum wie McIntosh »Privileg« und »Vorteil« (»advantage«) meist synonym gebraucht, verwendet er ansonsten abwägende und vorsichtige Formulierungen wie »einige weiße Menschen«, »viele Weiße« oder »die meisten weißen Menschen«. Das ist zwar auch schwammig. Aber es signalisiert zumindest ein Problembewusstsein.

Man kann das raunende »Wir« in McIntoshs Sätzen nicht anders als übergriffig bezeichnen, zumal wenn es aus dem US-amerikanischen Kontext gelöst und pauschal auf andere Kontexte projiziert wird. Nicht, weil sich »Weiße«, wie McIntosh oder DiAngelo meinen, per se vor der Konfrontation mit den eigenen »Privilegien« drücken möchten. Das ist eine Unterstellung. Sondern weil es gerade die Herrenreitermentalität europäischer und amerikanischer Rassenideologen war, die in komfortabler Distanz zur Empirie Gruppenkonstrukte auf Basis von Hautfarbe schuf. Es gilt, nicht die Fehler der Vergangenheit zu wiederholen, um die Probleme der Gegenwart zu lösen. Wer beständig und offenbar willkürlich zwischen den Formulierungen »alle Weißen« und »nicht alle Weißen« hin- und herspringt, trägt zudem zu Desorientierung bei, was insbesondere in Zeiten gezielter Desorientierungskampagnen vermieden werden sollte. Es gibt schon genug Verwirrung in der Welt, die letztlich immer nur der Sehnsucht nach Reinheit und Autorität zugutekommt. Nicht zuletzt widerspricht McIntosh mit homogenisierenden Formulierungen ihrer eigenen Maxime, nämlich der »Fähigkeit, zu erkennen, wie die Umstände unserer Geburt uns Startbedingungen [starting orientations] innerhalb verschiedener sozialer, sprachlicher, kultureller und politischer Hierarchien geben.«[143] Diese Umstände lassen sich schlicht nicht auf sinnvolle Weise unter dem Label »weiß« oder, wie es bei Kendall heißt, als die »sozialen Konstrukte unserer europäischen Vorfahren« zusammenfassen.[144]

McIntosh und Kendall scheinen, trotz gegenteiliger Beteuerungen, ihre persönlichen Biografien als weibliche Angehörige einer bestimmten sozioökonomischen Schicht zu pauschalisieren und auf mehrere Generationen einer ganzen »Ethnie« zu projizieren. McIntosh ist laut eigener Aussage in einem gut situierten »monokulturellen« Umfeld aufgewachsen, hat Sklavenhalter unter ihren Vorfahren, glaubte lange Zeit selbst, dass »weiß« etwas Besseres sei als »schwarz«, und ist auch sonst vielen Mythen aufgesessen. Andere, vor allem jüngere »Weiße« sind jedoch anders aufgewachsen. Für mich beispielsweise, der ich Kindheit und Jugend im 1819 von Pietisten gegründeten »Heiligen Korntal« in der süddeutschen Provinz verbracht habe, hat es die von McIntosh beschriebenen »Weißseinsmythen« in dieser Form nicht gegeben. Die jüngeren Generationen tickten bei uns doch sichtlich anders als Teile der Generation der Großeltern, denen die NS-Ära noch tief in den mentalen Knochen steckte. Weder im Elternhaus noch in der Kirche noch in der Schule noch in der Musik, die ich hörte, wurde »Weißsein« glorifiziert oder umgekehrt gar nicht erst thematisiert. Als in der Nachbarschaft ein Asylbewerberheim gebaut wurde, protestierten meine Eltern nicht etwa, sondern gingen auf eine Informationsveranstaltung und trafen die Bewohner. Die Pfarrer der evangelischen Kirchengemeinde Korntal – nicht zu verwechseln mit der pietistischen Brüdergemeinde – vertraten eine liberale Sozialethik und betonten die Gleichheit aller Menschen im Sinne der Menschenwürde sowie die Notwendigkeit der Unterstützung Benachteiligter. In der Schule wurde uns durchaus antirassistisches Grundwissen vermittelt, insbesondere mit Blick auf die NS-Zeit. Meine Eltern gaben mir Bücher wie Marie Hagemanns »Schwarzer, Wolf, Skin« zu lesen. Im Hip-Hop und im Alternative Rock der 1990er- und frühen 2000er-Jahre war Rassismuskritik an der Tagesordnung, ebenso in Punk, Hardcore und Teilen des Heavy Metal – von Rage Against the Machines »Wake Up« über Clawfingers »Nigger« und Afrobs »Made in Germany« bis hin zu den letzten Sekunden des Videos zu Motörheads »Sacrifice«, in denen ein Panzer ein Hitler-Porträt zermalmt. In der Regionalpresse veröffentlichte ich euphorische Rezensionen zu Künstlern und Bands wie Saul Williams oder dem Phikelela Sakhula Zulu Choir, warnte vor der Unterwanderung der Popmusik durch Rechtsradikale. War man dadurch zum Edelmenschen geworden? Natürlich nicht. Das mag alles sehr idyllisch klingen. In Wahrheit war Korntal keine heile Welt. Es gab genügend Gründe, die mich als Jugendlichen zum Heavy Metal statt zum Wohlfühl-Pop führten. Vorurteile und unreflektierte Stereotypen schleppte ich zuhauf mit mir herum, die unsichtbaren Grenzen zwischen den Kindern von »Gastarbeitern«, Flüchtlingen und alteingesessenen Schwaben wurden mir erst nach und nach bewusst. Aber es waren doch alles in allem andere Umstände und Erfahrungen als die, welche McIntosh als Jugendliche gemacht hatte. Das Generationen und Länder umspannende »weiße Wir« ist deshalb unangebracht. Die erfolgreiche afrodeutsche Sängerin Fola Dada, mit der ich in Korntal zur Schule ging, sagte im Jahr 2016 in einem Interview über unser Heimatstädtchen: »[Es war ein] sehr angenehmes Großwerden, in jeglicher Hinsicht. Die Kindheit war toll, eigentlich war alles toll, und ich habe mich sehr wohlgefühlt. Korntal hat zwar nicht umsonst den Beinamen ›Heiliges Korntal‹, und der pietistische Hintergrund war spürbar, aber ich konnte dort als dunkelhäutiges Mädchen ziemlich gut großwerden.«[145] Erneut gilt es zu betonen: Wer solche Berichte instrumentalisiert, um zu behaupten, das Neue Jerusalem habe sich bereits herabgesenkt und das irdische Jammertal zur Gänze vom

Rassismus erlöst, will sich nur vor der Arbeit im Weinberg der Gerechtigkeit drücken; vor einer Arbeit, die es weiterhin zu tun gibt und immer zu tun geben wird. Wer umgekehrt solche Berichte nicht zur Kenntnis nimmt oder als Marginalien abtut, um die Reinheit der eigenen Ideologie zu wahren, bringt neue Formen der Ungerechtigkeit hervor.

McIntoshs Texte haben teils Züge eines Konversionsberichts und erinnern an Erweckungsliteratur, wenn sie beschreibt, wie ihr innere, geschlechtsneutrale Stimmen nächtens ihre Texte diktiert hätten. Doch entweder betreibt man als Wissenschaftlerin – McIntosh ist nicht nur Aktivistin, sondern arbeitet an renommierten Hochschulen und wird an solchen rezipiert – ernsthafte sozialpsychologische Studien und erforscht, welche sich selbst als »weiß« verstehenden oder von anderen als »weiß« bezeichneten Menschen welche Geburtsumstände, Lebensumstände und Einstellungen teilen. Oder man lässt es sein und erklärt damit Bernie Sanders, Donald J. Trump und Hillary Clinton zur Dreieinigkeit. Vermittels des allinklusiven »Wir« ex cathedra, im Gestus der – historisch im Übrigen maskulin konnotierten – Großtheoretikerin eine letztlich doch homogene Gruppe zu konstruieren, ist ein Rückschritt auf so vielen Ebenen, dass man gar nicht weiß, mit welcher beginnen. Allein schon zu konstatieren, »Weiße« teilten den Mythos von »White Racelessness«, hielten sich also für »normal« oder »unmarkiert«, steht im grotesken Widerspruch zur empirischen Realität von »White Supremacy«, also der rassistischen Überzeugung, die »weiße Rasse« sei allen anderen »Rassen« überlegen.[146] Sind Vertreter von »White Supremacy« also nicht »weiß«, weil sie ihre »Rasse« ja exzessiv markieren, sichtbar machen, überhöhen? Hier wirft McIntosh diejenigen »Weißen«, die wie Ian MacKay sagen, »Rasse« *solle* keine Rolle spielen, mit »Weißen«, die meinen, »Rasse« *spiele* bereits keine Rolle mehr (etwa Donald J. Trump), und denen, die glauben, es gäbe überlegene »Rassen« (etwa Richard B. Spencer), in einen Topf. Wie kann es sein, dass sich »die Weißen« einerseits explizit in einem »Ismus«, nämlich dem Rassismus, überhöhen, und andererseits ihre »Rasse« unsichtbar machen? Das geht nicht auf.

McIntosh scheint sich mit einer Art sokratischen Schriftkritik gegen Einwände wie die obigen wappnen zu wollen, wenn sie feststellt: »Da die Autorin sich die Bedürfnisse und Reaktionen der verschiedenen Leser während des Leseakts [act of reading] weder vorstellen noch darauf einstellen kann, muss sie die Isolation akzeptieren und riskieren, missverstanden zu werden.«[147] Aber McIntosh schreibt nun einmal. Sie veröffentlicht ihre Texte in Büchern und auf Internetseiten. Wer schreibt, hat die Verantwortung, so zu schreiben, dass man verstanden oder zumindest nicht missverstanden wird. Was also ist ein Privileg im Unterschied zu einem bloßen Vorteil? Was ist »verdient«, was ist »unverdient?« Bestehen McIntoshs »mixed-race groups« nicht aus »mixed-race individuals«, zu denen im Grunde *alle* Menschen gehören, da »reine Rasse« ein Phantasma ist? Ist nicht jedes Individuum in sich bereits ein ganzer Kosmos, bevölkert von schillernden Verschiedenheiten und ungelösten Rätseln? Der ukrainische Psychologe und Schriftsteller Sergei Gerasimow bemerkte dazu im Jahr 2022 in einem Interview: »Jeder Mensch hat eine einzigartige, unnachahmliche Welt voller Schönheit und Wunder in sich. Die Natur brauchte Milliarden von Generationen von Amöben, Fischen und Dinosauriern, um jeden von uns zu erschaffen. Wenn einer von uns stirbt, hinterlässt er oder sie ein klaffendes Loch im Gefüge von Raum und Zeit, das niemals geheilt werden kann.«[148] Wer sich vor diesem Hintergrund mit den eben gestellten Fragen nicht ernsthaft auseinandersetzt und gar nicht erst versucht, sie hinreichend klar zu beantworten, provoziert das Risiko des Missverstandenwerdens geradezu.

Mit dieser Kritik wäre es eigentlich getan, steckten in Theorien wie denen von McIntosh und Kendall nicht auch viele Einsichten, die richtig und wertvoll sind. Es gibt sie ja, die erwähnten Typen, die meinen, *Race* oder Klasse spiele keine Rolle mehr, weil mit Barack Obama ein Afroamerikaner US-Präsident werden konnte oder weil es, wenn es keine Rassen gäbe, auch keinen Rassismus geben könne. Es gibt sie ja, die aggressiv-defensiven Besitzstandwahrer, die nicht einsehen wollen, dass vieles von dem, was sie ihrer eigenen Leistung zuschreiben, auch auf den Leistungen anderer beruht. Es gibt sie ja, die Rassisten und Reaktionäre, die Revanchisten und Suprematisten, die einen Kulturkampf gegen Vielfalt führen und ohne vertiefte Kenntnisse etwa der Intersektionalitätstheorie, der *Critical Race Theory* oder der Identitätspolitik diese mit Hilfe diskursiver Pappkameraden in den Schmutz ziehen. Es gibt sie ja, die müde Mitte, die zwar in der Zeitung den Politikteil liest und sich über dies, das, jenes echauffiert, ansonsten aber passiv bleibt. Aber gerade weil es all das gibt, ist nichts damit gewonnen, es mit allem anderem in einen Topf zu werfen. Die Anliegen, die McIntosh und Kendall vertreten, sind zu wichtig, als dass man sie durch Schwammigkeit schwächen sollte.

McIntoshs und Kendalls Texte zu lesen und ihre Vorträge zu hören, ist für mich deshalb wie eine Achterbahnfahrt. Bei einem Satz rufe ich innerlich aus: »Genau so ist es!« Beim nächsten: »Was für ein Unsinn!« Bereits der darauffolgende Satz überzeugt mich wiederum, nur um von einem unlogischen oder ideologisch überdrehten Satz relativiert zu werden. Wenn McIntosh etwa kritisiert, dass »Privilegierte« Nicht-»Privilegierte« oft nur im Zusammenhang mit Problemen und Defiziten wahrnehmen, dann pflichte ich ihr unbedingt bei.[149] Die Reduktion der anderen auf Opfer und Problemfälle ist hierarchistisch und blendet aus, dass »die meisten [der Nichtprivilegierten] ... viel Positives in ihrem Leben sehen, weil sie aus ihren Traditionen Kraft schöpfen.«[150] Ob zwingend aufgrund der Traditionen, sei dahingestellt. Aber ein reduktionistischer Blick, der in anderen nur Opfer erkennt, dient vornehmlich der Selbsterhöhung. Oder in den Worten Marius Jungs: Man sollte »Menschen of Color nicht automatisch als hilfsbedürftige Fremde und automatisch Benachteiligte betrachten: Das Individuum zählt und nicht Hautfarbe oder Herkunft.«[151] Beizupflichten ist auch McIntoshs zentraler Schlussfolgerung, eine plurale Gesellschaft schütze am besten davor, dass man sich und seinesgleichen absolut setze oder für das einzig Normale, Natürliche, Gottgegebene ansehe. Das ist so. Wie man eine solche Gesellschaft gestaltet, ob man Vielfalt nur »sichtbar machen« oder strategisch produzieren sollte, auf die Gefahr hin, Identitäten zu essenzialisieren, ist eine andere Frage.

McIntoshs wertvolle Einsichten kollidieren mit dem oben erörterten ärgerlichen Gebrauch des Begriffs »verdient«. So stellt sie gleich im Vorwort zu ihrer Textsammlung über Privilegien, »The Privilege Papers« fest, dass alle Menschen in eine Kombination aus unverdienten Nachteilen und unverdienten Vorteilen geboren werden (im Original: »Everybody has been born into a combination of unearned disadvantage and unearned advantage«). Ganz abgesehen davon, dass McIntosh auch hier mal von »Privilegien« und mal von »Vorteilen« schreibt, ohne dass ersichtlich wird, was der Unterschied ist – warum dann eigentlich zwei Begriffe? –, ergibt der Satz keinen Sinn. Es ist ja gar nicht möglich, sich vor der Geburt Vor- oder Nachteile zu »verdienen«. In einem TEDx-Talk aus dem Jahr 2012 fällt eine ähnliche Unstimmigkeit auf. Darin bezeichnet McIntosh »alles oberhalb einer hypothetischen Linie der Gerechtigkeit« als »Privileg«. Denn dort habe man »mehr als man verdient« »deserved«. Unterhalb der Linie werde man hingegen unverdient benachteiligt. McIntosh nennt dafür Beispiele von Mobbing bis Genozid. Sie nennt das explizit »unverdiente Nachteile« (»unearned disadvantage«). Da fragt man sich, wie Mobbing oder Genozid überhaupt »verdient« sein könnten. Mobbing zu erleiden, als Prügelknabe zu dienen oder

Opfer eines Genozids zu werden (McIntosh bezieht sich auf »Überlebende«) unter »unverdiente Nachteile« zu fassen, ist schlichtweg bizarr. Und wie viel »verdient« man eigentlich? Wer befindet darüber? Sind die menschlichen Bedürfnisse und Begehrnisse nicht unendlich? Impliziert »verdient« nicht doch auch Meritokratie?

Oberhalb der Linie genießt man McIntosh zufolge unverdiente Vorteile durch Geburt und positive Projektionen anderer. Auch hier stellt sich die Frage, wie man sich Vorteile qua Geburt überhaupt »verdienen« könnte. Nein, diese Sätze gehen nicht auf. Vorteile durch Geburt sind weder verdient noch unverdient. Sind vielleicht unverdiente Vor- und Nachteile mit Blick auf die Eltern gemeint, insofern diese die Zukunft ihrer Kinder prägen? In diesem Fall wäre die Aussage ebenfalls nicht überzeugend. Die Eltern können sich ihre Vor- oder Nachteile ja sehr wohl selbst verdient haben. Wäre das nicht möglich, dann gäbe es keine menschliche Freiheit, mithin auch keine menschliche Verantwortung. Darauf zu entgegnen, dass Vor- oder Nachteile niemals *nur* selbst verdient seien, ist banal. Es gibt kein Individuum ohne Gesellschaft, insbesondere nicht bei einer so hilfsbedürftigen Spezies wie dem Menschen.[152] Aber es gibt eben auch keine Gesellschaft ohne Individuen. Ohne ihren Eigensinn, ohne ihre Initiative, ohne ihre Energie ist alles nichts. Dass alles im Leben irgendwelche Voraussetzungen und Ursachen hat, nun ja – das ist der zur Binsenweisheit geronnene Satz vom zureichenden Grund aus Philosophie und Logik: *nihil fit sine causa.*

Spannend wird es, wenn man empirisch untersucht, wer wann unter welchen Bedingungen aus welchen Voraussetzungen etwas macht und wer nicht. Warum bestehen manche Dynastien über Jahrhunderte? Warum gehen andere unter? Warum haben manche Staaten relativ stabile Grenzen, warum zerfallen andere? Warum bewältigen manche Migranten den ökonomischen Aufstieg schneller, manche langsamer? Kann die Rede von »Privilegien« Erhellendes zur Beantwortung der letzten Frage beitragen? Oder wäre es nicht ratsamer, nüchtern die Auswirkungen der Aufenthaltsdauer, der Sprachkenntnisse, des Alters und der kulturellen Werte sowie des vor der Migration erreichten Ausbildungsniveaus auf die Dauer der Angleichung bei Lohn- und Vermögensverhältnissen zu untersuchen? Nicht, um Migranten dazu zu bringen, sich in die Verhältnisse zu »integrieren« oder sich zu »assimilieren«. Sondern ganz einfach, um herauszufinden, wie man Migration erfolgreich gestalten kann, ohne Probleme reflexhaft, mit monokausalen Begründungen, auf unverdiente »Privilegien« zurückzuführen. McIntoshs Theorie steckt diesbezüglich voller Potenziale. Aber sie entfaltet sie nicht.

In den USA etwa fallen starke Asymmetrien zwischen verschiedenen migrantischen Gruppen auf. Nigerianische Einwanderer wie auch die bereits in den USA lebenden Mitglieder der nigerianischen Diaspora zählen zu den Gewinnern. Sie steigen schnell auf und ihre Mitglieder haben ein höheres Ausbildungsniveau als die US-Bevölkerung im Durchschnitt. Zumindest in ökonomischer Hinsicht kann hier von Diskriminierung schwerlich die Rede sein, im Gegenteil – die Vereinigten Staaten stellen für diese Gruppe ein *Land of Opportunities* dar. Und genau wegen diesen *Opportunities* wandert man, wenn man es denn freiwillig tut, in die USA aus. Somalier hingegen sind ökonomisch meist schlechter dran, was nicht mit Diskriminierung durch die Mehrheitsgesellschaft zusammenhängen *muss*, aber zweifelsohne mit ihrem tieferen Bildungsniveau zu tun hat. In diesen Zusammenhängen erweist sich der kollektivierende Umgang mit Migranten aus Afrika oder allgemein mit »People of Color« als irreführend, ja als implizit rassistisch, werden doch Pluralität und Differenzen innerhalb des Gruppenkonstrukts stillschweigend nivelliert. Entsprechend stellte eine 2019 im »African Geographical Review« erschienene wissenschaftliche Studie fest, man müsse »die

Behandlung afrikanischer Einwanderer als eine kollektive Gruppe überdenken, da dies die Unterschiede zwischen Einwanderern aus verschiedenen afrikanischen Ländern und die Art und Weise, wie sie sich an das Leben in den USA anpassen, verschleier[e].«[153] Ob sie sich nur »anpassen« und nicht auch eigenständige Beiträge zur Kultur des Landes liefern, sei dahingestellt. In jedem Fall ist nicht die Pauschaldiagnose »Privilegierung!« angebracht, sondern Präzision in der Analyse und Differenziertheit im Urteil.

In McIntoshs Texten fehlt somit die ernsthafte und vertiefte Auseinandersetzung mit dem Aspekt des Sich-selbst-etwas-verdienen-Könnens. Aber vielleicht ist gerade dieser wissenschaftliche Anspruch der Vertiefung gar nicht gewünscht. Vielleicht geht es nicht darum, Realität zu erkennen und zu verstehen, um adäquat auf sie einwirken zu können, sondern darum, Realität zu *erzeugen*. Bereits der erste Satz ihrer Essaysammlung »On Privilege, Fraudulence, and Teaching as Learning« (2019) ist vielsagend. McIntosh spricht ihre Leser direkt an (»dear reader«). Sie hoffe, ihr Buch werde ihnen »helfen, ihr Leben zu leben«. Damit rückt die Autorin alles Darauffolgende in die Nähe der populärwissenschaftlichen US-amerikanischen Self-help- und Ratgeberliteratur, die sich seit Sigmund Freuds Vorlesungen an der Clark-Universität im Jahre 1909 stark aus Psychologiedepartementen speist. McIntoshs rhetorische Vorgehensweise – trotz aller akademischen Schwere emotional, persönlich, anekdotisch, autobiografisch – weist viele Berührungspunkte zum »moderne[n] emotionale[n] Stil« auf, den die Soziologin Eva Illouz analysiert hat. Illouz versteht unter diesem Stil eine Art und Weise, wie ein Problem behandelt wird. Zwischen dem Ersten und dem Zweiten Weltkrieg entwickelte sich laut Illouz, maßgeblich aus der Psychoanalyse heraus, eine »Sprache der Therapie«. Es entstanden marktgängige, warenförmige Theorien, die vordergründig das emotionale Leben analysieren sollen, deren

Hauptaufgabe aber darin besteht, es »neu auszurichten«. Damit gehen »neue kulturelle Praktiken [einher], die, da sie auf unverwechselbare Weise zwischen dem Bereich wissenschaftlicher Produktion und den Bereichen der elitären und der populären Kultur angesiedelt waren, Konzeptionen des Selbst, des emotionalen Lebens und sogar der sozialen Beziehungen neu gestalten konnten.«[154]

Analog dazu scheint McIntoshs eigentliches Ziel weniger das intersubjektive, ergebnisoffene und empirisch fundierte Verständnis eines Sachverhalts oder eines Problems zu sein, als vielmehr die Veränderung der als ungerecht eingestuften Verhältnisse vermittels einer Theorie als therapeutischer Produktivkraft: »Ich habe gelernt, dass die Auseinandersetzung mit Race neue Türen zu Möglichkeiten »possibility« und Verbindungen »connection« öffnet. Mein Leben hat sich durch das Durchschreiten dieser Türen verändert. Ein Blick auf das Potenzial für ein besseres Leben kann dazu beitragen, den Widerstand der Weißen gegen die Auseinandersetzung mit Race zu überwinden.«[155] Doch auch hier gilt, was ich in den vorigen Kapiteln betont habe: Die Verhältnisse lassen sich nur dann gerechter gestalten, wenn die empirischen Hausaufgaben erledigt sind, das Problem präzise erkannt und benannt worden ist. Mit einem Vergleichsbeispiel gesprochen: Wenn ein Arzt bei einem Patienten ein paar äußerliche Symptome erkennt, die für eine Vielzahl von Krankheiten stehen können – tatsächlich sind ja viele Symptome unspezifisch, was die Ursachen betrifft –, auf Basis dieser Beobachtung eine Diagnose stellt und ein Medikament verschreibt, dann handelt es sich für den Patienten um ein gefährliches Glücksspiel. Es kann sein, dass die Therapie anschlägt. Und es kann sein, dass alles noch schlimmer wird, weil die eigentliche Ursache unerkannt weiterbesteht.

Eine letzte Ungereimtheit in McIntoshs Privilegientheorie betrifft die Selbstreflexion, die sie einerseits, aus autobiografischer

Perspektive, intensiv betreibt, und andererseits an entscheidender Stelle unterlässt. So hat McIntosh in den USA das SEED (Seeking Educational Equity and Diversity) Project on Inclusive Curriculum gegründet und ist als internationale Beraterin tätig, um »gendergerechte, multikulturelle Arbeitsplätze und Schulen« zu schaffen, wie der in »On Privilege, Fraudulence, and Teaching as Learning« abgedruckte Lebenslauf verrät. SEED wurde unter anderem von der Stiftung W. K. Kellogg Foundation mit hohen Beträgen unterstützt. Die Stiftung spendete im Jahr 2011 2,92 Millionen Dollar an den National SEED Scholarship Fund. Mit ihren Programmen unterstützt die Kellogg Foundation unter anderem bedürftige Kinder, etwa im Bereich Bildung und Gesundheit. Das Vermögen der Stiftung besteht zum Großteil aus Aktien des Unternehmens Kellogg's. Fallen die Aktienkurse, schwindet das Stiftungsvermögen – die philanthropischen Zuwendungen sind somit direkt an die Börsenspekulation gekoppelt. Generiert wird das Stiftungsvermögen mit dem Verkauf von gerade bei Kindern beliebten Nahrungsmitteln von zweifelhafter Qualität, darunter Frühstücksflocken mit hohem Zuckergehalt und Kartoffelchips mit hohem Fett- und Salzanteil. Hart gesagt, wird von ein und derselben Instanz die Verbreitung von Zivilisationskrankheiten unter Kindern begünstigt, nur um sie danach mit – steuerlich vorteilhaften – Spenden zu bekämpfen.

Im Jahr 2021 lieferte sich Kellogg's einen Arbeitskampf mit der Gewerkschaft Bakery, Confectionery, Tobacco Workers and Grain Millers' International Union, die bessere Arbeitsbedingungen forderte. Durch den »Kellogg's Strike« wurde ruchbar, wie das Unternehmen eine Zwei-Klassen-Belegschaft schuf, in der neue Angestellte signifikant weniger verdienten als die sogenannten Legacy Workers. Gleichzeitig rückte sich Kellogg's mit Spenden für antirassistische Initiativen, die auch »White Privilege« zum Gegenstand hatten, in ein günstiges Licht. Diese Gleichzeitigkeit ist typisch für eine Schieflage unserer Zeit. Während der Kampf gegen Rassismus und »Privilegien« in der *Corporate Culture*, die sich längst auch auf den Hochschulbereich erstreckt, öffentlichkeitswirksam instrumentalisiert wird, gerät Klassismus an der breiten ökonomischen Basis aus dem Blick. In »On Privilege, Fraudulence, and Teaching as Learning« dankt McIntosh zwar einer Mitarbeiterin der W. K. Kellogg Foundation. Das ist jedoch die einzige Erwähnung der Stiftung und des Unternehmens im Buch. Während im Text mehrfach von »class privilege« die Rede ist, wird der implizite Konflikt zwischen der Abhängigkeit von *Corporate America* und den eigenen philanthropischen Projekten, mithin der Bedingung der Möglichkeit des eigenen Tuns, nicht »gecheckt«. Das aber wäre doch die erste und wichtigste Aufgabe jener, die »check your privilege!« rufen.

Zuwendungen erhielt McIntosh von vielen weiteren Stiftungen, darunter die Geraldine R. Dodge Foundation. Die Entstehungsgeschichte der Stiftung liest sich wenig überraschend: Ethel Geraldine Rockefeller Dodge brachte ein ererbtes Millionenvermögen in ihre Ehe mit Marcellus Hartley Dodge Sr., dem Besitzer des Waffenherstellers Remington Arms Company, ein. Auf der einen Seite also Rohstoffe, Waffen, hochverarbeitete Lebensmittel, Magnatentum und Monopolkapitalismus, auf der anderen Seite Antirassismus, Kindeswohl, Privilegienkritik – an dieser altgedienten philanthrokapitalistischen Allianz wird nicht gerüttelt. Man muss kein Antikapitalist sein, um diesen modernen Ablasshandel wenn nicht grundfalsch, so doch anrüchig zu finden. Es ist zwar gut, wenn erfolgreiche Menschen ihr Vermögen für gemeinnützige Zwecken einsetzen. Noch besser wäre es, gar nicht erst Verhältnisse entstehen zu lassen, in denen Menschen sich nicht um sich selbst kümmern können, weil sich Macht, Einfluss, Kapital in den Händen einiger weniger konzentrieren. Und anstatt wie McIntosh dafür sorgen zu wollen, dass alle sozialen und ethnischen Gruppen in den Sphären der

»Autorität« (»places of authority«[156]) vertreten sind, könnte man ja auch einmal versuchen, die Sphären der Autorität zu dekonstruieren, sie zu reduzieren und im anarchistischen Sinne zu dezentralisieren. Stattdessen werden die Sphären sogar ausgedehnt, die Macht der Autorität wächst und wird von immer mehr *Leaders* repräsentiert. Natürlich nur von solchen, die ihre Privilegien checken.

Conclusio.
Double-check Your Privilege Theory!

Die Schlussfolgerung aus den Kapiteln dieses Buches ist alles andere als spektakulär. Sie ist nicht mehr und nicht weniger als ein Plädoyer für Integrität, Achtsamkeit, Differenzierung, Empirienähe und Gerechtigkeit in der Kommunikation, gerade in emotional geführten Debatten. Gerechtigkeit ist erst dann möglich, wenn die Probleme, die gelöst oder zumindest transformiert werden sollen, einigermaßen klar erfasst sind und die Begriffe und Redewesen, mit denen über sie kommuniziert wird, kein tendenziöses Framing produzieren. Stattdessen sollten sie einem geteilten Weltverständnis dienen.

Sowohl die Wortherkunft (Etymologie), die Wortbedeutung und die einseitig negative Nebenbedeutung (Semantik) als auch der entgrenzte, willkürliche Wortgebrauch in jüngeren Privilegientheorien und -debatten (Pragmatik) sprechen dagegen, am »Privileg« um jeden Preis festzuhalten. Der Begriff ist schlichtweg nicht zwingend und oft sogar irreführend. In der Sphäre des Rechts ist das Privileg am besten aufgehoben. Wenn Gesetze so verfasst sind, dass bestimmte Individuen oder Gruppen dadurch systematisch benachteiligt werden, ohne dass dies explizit gemacht wird, bietet sich die Rede von versteckten oder impliziten Privilegien an. Etwa dann, wenn Menschen mit niedrigem Einkommen vor Gericht per se schlechtere Chancen haben, weil sie sich keine teuren Anwälte leisten können und diese für den Ausgang des Prozesses entscheidend sind: »Was ist ein Recht wert, wenn es vom Geldbeutel abhängt, ob man es wahrnehmen kann? Dann ist es vielleicht in Wirklichkeit kein Recht, sondern ein Privileg«, kritisiert der Journalist Ronen Steinke.[157]

In anderen Zusammenhängen täuscht der Begriff »Privileg« nicht zuletzt aufgrund seines Anachronismus darüber hinweg, dass, allen Problemen zum Trotz, in liberalen Demokratien Fortschritte hinsichtlich Gleichberechtigung erzielt worden sind. Fortschritte zu feiern bedeutet nicht, Probleme zu ignorieren. Vielmehr erzeugt die Feier des Fortschritts erst die positive Energie, die man für die Bewältigung alter ungelöster und neuer Probleme benötigt. Die Rede von Privilegien erweist sich da als kontraproduktiv. Denn in liberalen Demokratien sind diejenigen, die als »privilegiert« markiert werden, unweigerlich stigmatisiert. Nicht zwingend, weil die Markierenden dies so beabsichtigen. Sondern weil (angebliche) Privilegien überall dort, wo Gleichberechtigung, rechtliche Gleichheit und allgemeine Freiheit zu den Leitprinzipien gehören, eine negative Nebenbedeutung haben *müssen*, zumal wenn sie Gegenstand eines »Concept Creep« sind (Haslam, siehe Kapitel 2). Das erzeugt Unmut statt Solidarität.

Hinzu kommt, dass die Differenzierung zwischen (Grund-)Rechten und Sonder- oder Vorrechten elementar ist, um die Errungenschaften der liberalen Demokratie zu bewahren und auszubauen. Der deutsche Justizminister Marco Buschmann betont zu Recht: »Freiheit ist kein Privileg, sie gehört den Bürgerinnen und Bürgern.«[158] Ist Freiheit erst einmal als Privileg statt als Grundrecht markiert, kann sie wieder entzogen werden. Denn neben der umgangssprachlichen, schwammigen und aktivistisch geprägten Bedeutung besteht die spezifische Bedeutung im Bereich des Rechts oder der Geschichtswissenschaften ja fort.

Wird das Verständnis dessen, was alles als »Privileg« gilt, entgrenzt, bietet sich der Begriff für einen willkürlichen, je nach Interessenlage und Weltanschauung variierenden Gebrauch als sophistische Waffe und Totschlagargument geradezu an. Das entgrenzte Verständnis von und die entgrenzte Rede über Privilegien beschämen, wo sie ermutigen sollten, sie vernebeln, wo sie zur Klärung beitragen sollten, sie trennen, wo sie verbinden sollten, sie verpanschen, wo sie differenzieren sollten. Vor allem in Verbindung mit empirisch unscharfen Gruppenkonstrukten wie »weiß« begünstigen sie identitäre Sippenhaftung und verstellen den Blick auf Grauzonen der Identität wie »mixed race« oder Weltgegenden wie Osteuropa, wo Theorien und Begriffe aus US-amerikanischen Diskursen an ihre Grenzen stoßen. Nicht zuletzt kann das gängige Privilegiennarrativ Wasser auf die Mühlen von Antisemiten leiten, wenn zum einen »weiß« automatisch »privilegiert« meint und zum anderen Juden als per se reiche, mächtige, gut vernetzte »Weiße« imaginiert werden.

Ein entgrenzter und zugleich tendenziöser Privilegienbegriff verwischt nicht nur die Grenzen zwischen (Grund-)Rechten und Sonder- oder Vorrechten, sondern auch die Grenzen zwischen durch Ungerechtigkeit entstandenen Vorteilen einerseits, durch individuelle oder kollektive Verdienste auf faire Weise erarbeiteten Vorteilen andererseits. Von dieser Entdifferenzierung zeugt, dass in den wegweisenden Texten der jüngeren Privilegientheorien Privilegien oft pauschal als »unverdiente Vorteile« definiert werden, während »verdiente Vorteile«, die es ja ebenfalls gibt, eine marginale Rolle spielen.

Ein solches Verständnis von Privilegien suggeriert, man sei auch in den heutigen liberalen Demokratien und Rechtsstaaten noch immer primär auf die Gnade der Mächtigen angewiesen. Das kann, obwohl es progressiv und emanzipatorisch gemeint ist, zu Demokratieverachtung und Sozialneid beitragen. Umgekehrt kann es zu berechtigter Frustration und Radikalisierung führen, wenn vulgärliberale Vereinfacher behaupten, alle könnten alles schaffen, wenn sie es nur wollten. Das ist nicht der Fall. Genauso wenig, wie es der Fall ist, dass alle das Gleiche wollen. Nicht alle wollen große Macht, denn große Macht korrumpiert. Nicht alle wollen eine steile Karriere absolvieren, denn für eine solche bedarf es neben Talent und Engagement meist auch Selbstausbeutung, Opportunismus und Konformismus. Unterschiedliche Lebensstile und Weltanschauungen wiederum führen auch zu unterschiedlichen Bildungs- oder Wohlstandsniveaus. Die vordringliche Aufgabe besteht deshalb nicht darin, Ungleichheit als solche zu kritisieren, sondern von Fall zu Fall zu prüfen, ob der Ungleichheit Ungerechtigkeit zugrunde liegt oder nicht; ob sie durch Freiwilligkeit zustande kam oder durch Zwang; ob die Vorteile der einen dazu genutzt werden, die ungerechten Nachteile der anderen auszugleichen: Eigentum verpflichtet.

Vor diesem Hintergrund hoffe ich, mit *(Un)Check Your Privilege* gezeigt zu haben, dass die heutige Rede von »Privilegien« im Einsatz für Gerechtigkeit nicht hilfreich ist, ja, dass sie Gerechtigkeit verhindert, wenn sie allzu heterogene Phänomene in eine negativ besetzte Kategorie zwingt und dadurch echte, von Mächtigen bewusst gewährte Sonder- oder Vorrechte verwässert, verharmlost. In ihrer Grobschlächtigkeit eignet sie sich nicht für ein vertieftes Verständnis der komplexen Herausforderungen und Probleme, vor denen liberaldemokratische und zunehmend pluralistische Gesellschaften heute stehen. Und wenn es etwas gibt, das sich als roter Faden durch die Menschheitsgeschichte zieht, dann sind es richtige Lösungen für falsch verstandene Probleme.

Der Autor

Jörg Scheller ist Professor für Kunstgeschichte an der Zürcher Hochschule der Künste. Er schreibt regelmäßig Beiträge für die Neue Zürcher Zeitung, Die Zeit, das Frieze Magazine und ist Kolumnist der Stuttgarter Zeitung. Bereits als 14-Jähriger stand er mit einer Metalband auf der Bühne und betreibt aktuell einen »kammermetallischen« Heavy-Metal-Lieferservice mit dem Motto »Metal für alle«. 2020 erschien vom ihm im Franz Steiner Verlag das Buch »Metalmorphosen«

Quellen

1. *Snowpiercer*, Season 1, Episode 7, 2020. Dieses Zitat sowie alle folgenden fremdsprachigen Zitate wurden vom Verfasser ins Deutsche übersetzt.
2. https://hls-dhs-dss.ch/de/articles/013696/2013-12-17/
3. https://www.1000dokumente.de/index.html?c=dokument_ru&dokument=0002_vol&object=translation&st=privileg&l=de
4. Thomas Jäger, *Frankreich – eine Privilegiengesellschaft*, Wiesbaden: Deutscher Universitäts-Verlag, 2003, S. 8
5. Simon Sales Prado, »Das Konzept der Privilegien: Man muss auch mal verzichten«, 5.9.2020, in: *taz*, online abgerufen auf: https://taz.de/Das-Konzept-der-Privilegien/!5706891/
6. Merrill Perlman, »How ›entitlement‹ and ›privilege‹ became epithets«, 11.12.2018, in: *Columbia Journalism Review*, online abgerufen auf: https://www.cjr.org/language_corner/entitlement-privilege.php
7. https://www.adl.org/media/12812/download
8. Siehe bspw. https://sindeloke.wordpress.com/2010/01/13/37/
9. https://www.hannaharendt.net/index.php/han/index
10. Nick Haslam, »Concept Creep: Psychology's Expanding Concepts of Harm and Pathology«, in: *Psychological Inquiry*, 27:1, S. 1–17, 2–5
11. Vitalie Ciobanu, »Mein Europa: Wenn die Ukraine fällt, ist die Republik Moldau dran«, 26.3.2022, in: *Deutsche Welle*, online abgerufen auf: https://www.dw.com/de/mein-europa-wenn-die-ukraine-f%C3%A4llt-ist-die-republik-moldau-dran/a-61245688
12. https://twitter.com/JoergMutke/status/1505793985830436872
13. »Lieber nicht spielen als schlecht spielen«, Helge Schneider im Interview mit Sandra Maischberger, 8.9.2021, in: *Maischberger. Die Woche*, online abgerufen auf: https://www.daserste.de/information/talk/maischberger/sendung/maischberger-die-woche-740.html
14. https://www.got-big.de/Blog/arnold-schwarzenegger-6-regeln-des-erfolges/
15. https://twitter.com/StammKuhlmann/status/1508010277173878785.
16. Eva Berendsen/Saba-Nur Cheema/Meron Mendel (Hg.), *Triggerwarnung. Identitätspolitik zwischen Abwehr, Abschottung und Allianzen*, Berlin: Verbrecher Verlag, 2019, E-Book, n. p.

17 Christoph Eisenring, »Corona-Impfung: Freiheit ist der Normalfall und kein Privileg«, 25.3.2021, in: *Neue Zürcher Zeitung*, online abgerufen auf: https://www.nzz.ch/meinung/corona-impfung-freiheit-ist-der-normalfall-und-kein-privileg-ld.1608243
18 https://twitter.com/LukasStichmann/status/1390535585929076737
19 https://twitter.com/hanbekks/status/1300063147924094976
20 https://twitter.com/hanbekks/status/131532595709657497
21 https://twitter.com/hanbekks/status/1396812279954526213
22 https://www.weforum.org/reports/global-social-mobility-index-2020-why-economies-benefit-from-fixing-inequality
23 https://twitter.com/hanbekks/status/1396460363298840577
24 Meghan Daum, »Using ›privilege‹ as a weapon«, 15.10.2014, in: *Los Angeles Times*, online abgerufen auf: https://www.latimes.com/opinion/op-ed/la-oe-daum-privilege-shaming-internet-20141016-column.html
25 https://twitter.com/InayaFolarin/status/1312764159486881792
26 https://twitter.com/VogelFriedemann/status/1513381599953539075
27 Berendsen/Cheema/Mendel 2019, n. p.
28 Angel Eduardo, »Stop Calling Me ›White‹ For Having the Wrong Opinions«, 30.8.2021, in: *Newsweek*, online abgerufen auf: https://www.newsweek.com/stop-calling-me-white-having-wrong-opinions-opinion-1624179
29 Philip Dulle, »Autorin Mithu Sanyal: ›Es wird mindestens einen Orgasmus geben.‹ Die deutsche Autorin Mithu Sanyal schreibt über Identitätspolitik, Rassismus und Sexualität. Hier erzählt sie, wie man mit alten Geschlechtermythen bricht und warum man Frauen nicht vor Sexualität beschützen muss«, Interview mit Mithu M. Sanyal, 6.5.2022, in: *Profil*, online abgerufen auf: https://www.profil.at/gesellschaft/identitti-autorin-mithu-sanyal-es-wird-mindestens-einen-orgasmus-geben/401930350
30 Marius Jung, *Wer wird denn da gleich schwarzsehen*, Hamburg: Edel Books, 2021, E-Book, n. p.
31 Robin DiAngelo, *White Fragility. Why It's So Hard For White People To Talk About Racism*, Boston: Beacon Press, 2018, E-Book, n. p.
32 https://www.pewresearch.org/fact-tank/2013/04/16/asian-americans-lead-all-others-in-household-income/; https://www.pewresearch.org/fact-tank/2021/04/29/key-facts-about-asian-americans/. Innerhalb der Gruppe der asiatischstämmigen Amerikaner bestehen jedoch signifikante Unterschiede; so sind die Einkommen von indischstämmigen Amerikanern und philippinischstämmigen Amerikanern höher als das Durchschnittseinkommen der asiatischstämmigen Amerikaner insgesamt.

33 Ismail Küpeli, *Die kurdische Frage in der Türkei. Über die gewaltsame Durchsetzung von Nationalstaatlichkeit*, Bielefeld: Transcript-Verlag, 2022; siehe auch https://twitter.com/ismail_kupeli/status/1527190884814671873

34 Siehe Susan Buck-Morss, *Hegel, Haiti, and Universal History*, Pittsburgh: University of Pittsburgh Press, 2009, S. 75; siehe auch Westenley Alcenat, »›to transplant in alien soil‹: Race, Nation, Citizenship, and the Idea of Emigration in the Revolutionary Atlantic«, in: *Journal of Transnational American Studies (JTAS)* 9.1, 2018, S. 35–91, 45

35 Zitiert nach Wolff 1994, S. 335

36 https://twitter.com/jagodamarinic/status/1239325855442251776

37 https://twitter.com/LakotaMan1/status/1528774680345075717

38 https://digital.library.upenn.edu/women/wells/exposition/exposition.html#iii

39 Jamelle Bouie/Rebecca Onion, »Slavery Myths Debunked. The Irish were slaves too; slaves had it better than Northern factory workers; black people fought for the Confederacy; and other lies, half-truths, and irrelevancies«, 29.9.2015, online abgerufen auf: https://slate.com/news-and-politics/2015/09/slavery-myths-seven-lies-half-truths-and-irrelevancies-people-trot-out-about-slavery-debunked.html

40 Julia Herzberg, »Onkel Vanjas Hütte. Erzählte Leibeigenschaft in der bäuerlichen Autobiografik des Zarenreichs«, in: *Jahrbücher für Geschichte Osteuropas*, Bd. 58, H. 1, 2010, S. 24–51, 40

41 Timothy Snyder, »Germany's Historical Responsibility For Ukraine«, 20.6.2017, Vortrag beim Fachgespräch der grünen Bundestagsfraktion zur historischen Verantwortung Deutschlands für die Ukraine, online abgerufen auf: https://www.youtube.com/watch?v=OTJwCCAF2lA

42 Todt und Hitler zitiert nach: Niels Werber, »Geopolitik als Literatur – ein germanistischer Beitrag zur Genealogie der deutschen Politischen Geographie und Geopolitik«, in: *Geographica Helvetica*, 73, 2018, S. 215–224, online abgerufen auf: https://gh.copernicus.org/articles/73/215/2018/. Ich danke Niels Werber für den Hinweis während einer Twitter-Konversation.

43 Russel B. Nye, »The Slave Power Conspiracy: 1830–1860«, in: *Science & Society*, Summer 1946, Vol. 10, No. 3, S. 262–274, 265

44 Zitiert nach ebd., S. 268

45 Ebd., S. 269

46 Akala, *Natives. Race and Class in the Ruins of Empire*, London: Two Roads, 2018, E-Book, n. p.

47 Petra Bahr, »Jenseits der Anstrengung. Der Kult um den Erfolg prägt die Leistungsgesellschaft. Aber es gibt noch etwas anderes: Leistungslust«, in: *Christ & Welt*, 5.11.2021, online abgerufen auf: https://www.zeit.de/2021/45/leistung-disziplin-protestantische-ethik-begriff

48 https://www.radiofrance.fr/franceinter/meritocratie-islamo-gauchisme-violences-policieres-pap-ndiaye-dans-le-texte-4248611.
49 Ebd.
50 Hadrien Mathoux, "Racisme, laïcité, pensée 'woke': ce que pense vraiment Pap Ndiaye", 26.5.2022, in: *Marianne*, online abgerufen auf: https://www.marianne.net/politique/gouvernement/racisme-laicite-pensee-woke-ce-que-pense-vraiment-pap-ndiaye.
51 Frances Kendall, *Understanding White Privilege. Creating Pathways to Authentic Relationships Across Race*, New York/London: Routledge, 2013, S. 151
52 Hubert Wetzel, »Doppelt und dreifach so hart gearbeitet wie jeder weiße Mann. Ketanji Brown Jackson soll als erste schwarze Frau ans Oberste Gericht der USA berufen werden. Sie sieht sich deshalb manch seltsamen Fragen ausgesetzt – auch von Frauen«, in: *Süddeutsche Zeitung*, 4.4.2022, online abgerufen auf: https://www.sueddeutsche.de/politik/ketanji-brown-jackson-usa-supreme-court-joe-biden-1.5559661
53 https://www.hardcorehumanism.com/the-proactive-anger-of-reba-meyers/
54 https://twitter.com/Ayishat_Akanbi/status/1307617844700553217
55 G. W. F. Hegel, *Grundlinien der Philosophie des Rechts*, Frankfurt am Main: Suhrkamp, 1986, S. 298
56 Britt Grell/Christian Lammert, *Sozialpolitik in den USA. Eine Einführung*, Wiesbaden: Springer VS, 2013
57 Peter Kropotkin, *Gegenseitige Hilfe in der Tier- und Menschenwelt*, Leipzig: Verlag von Theod. Thomas, 1908, S. 209
58 Ebd., S. 210
59 W. E. B. Du Bois, »My Evolving Program for Negro Freedom«, in: *Clinical Sociology Review*, Vol. 8: Iss. 1, Article 5, 1990 (Original 1944 veröffentlicht), online abgerufen auf: http://digitalcommons.wayne.edu/csr/vol8/iss1/5
60 Ebd.
61 http://www.objektivismus.de/
62 Robert Musil, *Der Mann ohne Eigenschaften*, Altenmünster: Jazzybee-Verlag Jürgen Beck, 2013, E-Book, n. p.
63 Arnold Schwarzenegger at University of Houston Commencement: »None of Us Can Make It Alone«, 15.5.2017, online abgerufen auf: https://time.com/4779796/arnold-schwarzenegger-university-of-houston-uh-commencement-graduation/
64 Philipp Hübl, »Die Wahrheit über Wahrheit«, in: *Polis. Urban Development*, 1/2022, S. 32–33, 33
65 John R. Hinde, *Jacob Burckhardt and the Crisis of Modernity*, Montreal/Kingston/London/Ithaca: McGill-Queen's University Press, 2000, S. 222
66 Alain de Benoist, *On Being a Pagan*, Atlanta: Ultra, 2004, S. 152

67 Ebd., S. 153
68 Alain de Benoist/Charles Champetier, *Manifesto for a European Renaissance*, London: Arktos, 2012. E-Book, n. p.
69 Alexander Dugin, *The Fourth Political Theory*, London: Arktos, 2012, S. 65–66.
70 Alexander Dugin, *Putin vs. Putin. Vladimir Putin Viewed from the Right*, London: Arktos, 2014, E-Book, n. p.
71 Lionel Barber/Henry Foy/Alex Barker, »Vladimir Putin says liberalism has ›become obsolete‹. In an exclusive interview with the FT, the Russian president trumpets growth of national populism«, 27.6.2019, in: *Financial Times*, online abgerufen auf: https://www.ft.com/content/670039ec-98f3-11e9-9573-ee5cbb98ed36
72 »Die Rede von Wladimir Putin im Wortlaut. Russlands Präsident hat den Angriff auf die Ukraine in einer Fernsehansprache angekündigt. Wir dokumentieren die Rede, die eine Kriegserklärung ist«, 24.2.2022, *Zeit online*, https://www.zeit.de/politik/ausland/2022-02/wladimir-putin-rede-militaer einsatz-ukraine-wortlaut
73 *Financial Times* 2019
74 Siehe Xin Zhang, »Nach dem Neoliberalismus. Staatskapitalismus in China und Russland«, in: *Osteuropa*, 5–6, 2015, S. 21–32
75 https://twitter.com/nomnomcookieez/status/1482815611499687937
76 https://twitter.com/thomaschattwill/status/1492904784659103745
77 https://twitter.com/thomaschattwill/status/1492895645857943556
78 https://www.pewforum.org/2021/05/11/jewish-americans-in-2020/
79 Du Bois 1990
80 David Baddiel, *Und die Juden?*, München: Carl-Hanser-Verlag, 2021, E-Book, n. p.
81 Ebd.
82 Siehe Hannah Arendt, *The Origins of Totalitarianism*, Chapter 2, The Jews, the Nation-State, and the Birth of Antisemitism, 1966
83 https://de.wikipedia.org/wiki/Posener_Bamberger
84 Siehe Wolfgang Reinhard, *Geschichte der Staatsgewalt. Eine vergleichende Verfassungsgeschichte Europas von den Anfängen bis zur Gegenwart*, München: C. H. Beck, 2002, S. 358; siehe Claudia Huerkamp, »Die Lehrerin«, in: Ute Frevert (Hg.), *Der Mensch des 19. Jahrhunderts,* Frankfurt am Main: Campus, 1999, S. 176–200
85 Siehe u. a. Gabe Friedman, »Are Jews white? Is Whoopi Goldberg Jewish? ›The View‹ Holocaust controversy, explained«, 8.2.2022, in: *The Jerusalem Post*, online abgerufen auf: https://www.jpost.com/diaspora/article-695351; Nylah Burton, »White Jews: Stop Calling Yourselves ›White-Passing‹«, 2.7.2018, in: *Forward*, online abgerufen auf: https://forward.com/opinion/404482/white-jews-stop-calling-yourselves-

white-passing/; Dave Schechter, »What is ›Jewish Privilege?‹ It's complicated. As when he asked, ›Are Jews white?‹ Dave finds no easy answer on the issue of #JewishPrivilege«, 10.8.2020, in: *Atlanta Jewish Times*, online abgerufen auf: https://www.atlantajewishtimes.com/what-is-jewish-privilege-its-complicated/

86 Burton 2
87 Zitiert nach Friedman 2022
88 Jörg Häntzschel, »Rassistische Vorstellungen hängen nicht nur an Hautfarbe«, Interview mit dem Rassismusforscher Mark Terkessidis, 19.6.2020, in: *Süddeutsche Zeitung*, online abgerufen auf: https://www.sueddeutsche.de/kultur/rassismus-deutschland-mark-terkessidis-1.4940017?reduced=true
89 Friedman 2022
90 Władysław Reymont, »Gerechtigkeit«, in: ders., *Polnische Novellen*, Altenmünster: Jazzybee-Verlag Jürgen Beck, 2010, E-Book, n.p.
91 Ebd.
92 Ebd.
93 Ebd.
94 https://www.ndr.de/fernsehen/sendungen/das/Recherchiert-ueber-Maennerrechte-Dr-Mithu-Sanyal,dasx28050.html
95 Benjamin von Blomberg, »Der Feminismus hat Männern unglaublich viel zu bieten«, Interview mit Mithu M. Sanyal, 17.5.2022, *Schauspielhaus Journal*, online abgerufen auf: https://www.schauspielhaus.ch/de/journal/23855/der-feminismus-hat-mnnern-unglaublich-viel-zu-bieten
96 https://twitter.com/paul_starzmann/status/1496924023548170243
97 lie/AFP, »Polen will Arbeiter auf den Philippinen anwerben«, *Spiegel online*, 28.7.2018, online abgerufen auf: https://www.spiegel.de/wirtschaft/soziales/polen-will-fachkraefte-auf-den-philippinen-anwerben-a-1220658.html
98 Siehe die Statistiken des Bundesamts für Migration und Flüchtlinge 2015 & 2016 in den Berichten *Das Bundesamt in Zahlen 2015. Asyl, Migration und Integration* und *Das Bundesamt in Zahlen 2016. Asyl, Migration und Integration*
99 Dietmar Hipp, »»Ukrainern bevorzugt zu helfen, ist kein Rassismus.‹ Immer mehr Menschen fliehen vor dem Krieg aus der Ukraine. Hier spricht der Ausländerrechtler Daniel Thym über Solidarität in der EU und Konflikte bei der Aufnahme der Flüchtlinge«, 3.3.2022, in: *Der Spiegel*, online abgerufen auf: https://www.spiegel.de/panorama/fluechtlingspolitik-ukrainern-bevorzugt-zu-helfen-ist-kein-rassismus-a-4a82277d-33ac-49f5-b549-eb68c11be9a3
100 Ebd.
101 Siehe: https://correctiv.org/faktencheck/2022/03/11/ukraine-augenzeugen-berichten-ueber-diskriminierung-von-schwarzen-an-der-grenze/?utm_source=pocket-newtab-global-de-DE.

102 https://twitter.com/ProfRAHansen/status/1499093408031326210; https://ukandeu.ac.uk/again-again-and-again-war-refugees-and-russias-invasion-of-ukraine/
103 Markus Feldenkirchen, »Die Besonnenheit der Nato«, 16.3.2022, in: *Der Spiegel*, online abgerufen auf: https://www.spiegel.de/politik/deutschland/news-nato-ukraine-bundesregierung-russland-christian-lindner-fluechtlinge-marina-owsjannikowa-a-06d7b56f-c54a-4bbf-b51d-7214d11192f7
104 Amelia Gentleman, »We just want to be safe: visa waits and frustration of Ukrainians in Calais«, 10.3.2022, *The Guardian*, online abgerufen auf: https://www.theguardian.com/world/2022/mar/10/ukrainian-refugees-visa-applications-uk-calais
105 John Rawls, *A Theory of Justice. Revised Edition*, Cambridge, Massachusetts: The Belknap Press of Harvard University Press, 1999, S. 51–52
106 Peter Baehr/Melvin Richter, »Introduction«, in: dies. (Hg.), *Dictatorship in History and Theory: Bonapartism, Caesarism, and Totalitarianism*, Cambridge: Cambridge University Press, 2004, S. 20
107 Leszek Kołakowski, *Die Gegenwärtigkeit des Mythos*, München: R. Piper & Co., 1973, S. 44
108 Larry Wolff, *Inventing Eastern Europe. The Map of Civilization on the Mind of the Enlightenment*, Stanford: Stanford University Press, 1994, S. 7
109 https://twitter.com/EchteFreiheit/status/1501850456540205073
110 Grell/Lammert, S. 26
111 Martin Theis, »Mir schaffet des. In Stuttgart leben besonders viele Bürger mit Migrationshintergrund, die Stadt ist ein Vorbild in Sachen Integration. Warum klappt hier, was anderswo schwerfällt?«, 20.3.2016, in: *Fluter*, online abgerufen auf: https://www.fluter.de/mir-schaffet-des
112 Siehe Max Hägler, »›Der Pass interessiert mich nicht.‹ Stuttgarts OB Wolfgang Schuster (CDU) empfiehlt auf dem diesjährigen Städtetag das Konzept ›Internationale Stadt‹«, Interview mit Wolfgang Schuster, 24.5.2007, in: *taz*, online abgerufen auf: https://taz.de/!278210/
113 Joseph Arthur, »HARLEY FLANAGAN: Come to Where I'm From Podcast Episode #95«, Interview mit Harley Flanagan, 29.7.2020, auf: https://www.youtube.com/watch?v=zrePk2dNDEIhttps://www.youtube.com/watch?v=zrePk2dNDEI
114 Henry Rollins, »Iron and the Soul«, erstmals publiziert 1994 im *Details Magazine*, hier online abgerufen auf: https://www.artofmanliness.com/character/manly-lessons/henry-rollins-iron-and-soul/
115 Sara Jaffe, »Guilty of Being White«, 23.1.2012, in: *Los Angeles Review of Books*, online abgerufen auf: https://lareviewofbooks.org/article/guilty-of-being-white/
116 Gustav Landauer, *Aufruf zum Sozialismus*, Revolutionsausgabe. Zweite vermehrte und verbesserte Auflage, Berlin: Verlag Paul Cassirer, 1919, S. 152

117 Zitiert nach: Michael Saager, »Action und Arbeiterklasse«, in: *taz*, 4.4.2013, online abgerufen auf: https://taz.de/!501361/
118 Zitiert nach: Lucien Scherrer, »Die Medien lieben Geschichten über Rassismus, weil sie Klicks bringen und Ideologien bestätigen. Ob die Storys wahr sind, ist unwichtig«, in: *Neue Zürcher Zeitung*, 10.1.2022, online abgerufen auf: https://www.nzz.ch/feuilleton/die-medien-lieben-geschichten-ueber-rassismus-weil-sie-klicks-bringen-und-ideologien-bestaetigen-ob-die-storys-wahr-sind-ist-unwichtig-ld.1662915
119 Ebd.
120 Joint Economic Committee/Congressman Don Beyer, Vice Chair, »The Economic State of Black America in 2020«, 18.6.2020, online abgerufen auf: https://www.jec.senate.gov/public/_cache/files/ccf4dbe2-810a-44f8-b3e7-14f7e5143ba6/economic-state-of-black-america-2020.pdf
121 Joachim Gauck, »›Menschen, die die Freiheit, Demokratie und Menschenrechte lieben, fragen nicht danach, ob jemand schwarz ist oder weiß.‹ Der Kampf gegen Rassismus ist eine demokratische Pflicht. Aber nicht Herkunft oder Identität entscheiden dabei, sondern Haltung – und die ist unabhängig von der Hautfarbe«, in: *Die Zeit*, 31.3.2021, online abgerufen auf: https://www.zeit.de/2021/14/critical-whiteness-joachim-gauck-rassismuss-privliegien-postkolonialismus/komplettansicht
122 Akala 2018
123 https://hls-dhs-dss.ch/de/articles/013696/2013-12-17/
124 Zitiert nach Max Domarus, *Hitler. Reden und Proklamationen 1932 bis 1945. Kommentiert von einem deutschen Zeitgenossen. Teil 1 Triumph. Erster Band*, Leonberg: Pamminger & Partner, 1988, S. 2184
125 https://www.bundespraesident.de/SharedDocs/Reden/DE/Frank-Walter-Steinmeier/Interviews/2022/220405-Interview-moma-vor-ort.html
126 Wolf Lotter, »Das neue Wir. Alle suchen nach Identitäten und sehnen sich nach Gemeinschaft. Doch die Wanderkarten von früher führen in die Irre. Um zu einem neuen Wir zu finden, muss man erst mal zu sich selbst kommen«, in: *brand eins*, 5/2016, online abgerufen auf: https://www.brandeins.de/magazine/brand-eins-wirtschaftsmagazin/2016/wir/das-neue-wir
127 Friedrich Julius Stahl, *Die gegenwärtigen Parteien in Staat und Kirche. Neunundzwanzig akademische Vorlesungen*, Berlin: Verlag von Wilhelm Herz, 1863, S. 72–73
128 Ebd., S. 81
129 https://www.theorieblog.de/index.php/author/cord/
130 Dorian Lynskey, »Grandmaster Flash: ›Hip-hop's message was simple: we matter‹«, in: *The Guardian*, 7.8.2016, online abgerufen auf: https://www.theguardian.com/music/2016/aug/07/the-get-down-baz-luhrmann-grandmaster-flash-hip-hop

131 Walter Benjamin, „Privilegiertes Denken. Zu Theodor Haeckers ›Vergil‹, 1932, online abgerufen auf: https://www.textlog.de/benjamin-privilegiertes-denken-theodor-haeckers-vergil.html

132 Peggy McIntosh, *On Privilege, Fraudulence, and Teaching as Learning. Selected Essays 1981–2019*, New York/London: Routledge, 2020, S. 23

133 Ebd. S. 1

134 Nadia Shehadeh, »Hä? Was heißt denn Privilegien?«, 1.8.2017, in: *Missy Magazine*, online abgerufen auf: https://missy-magazine.de/blog/2017/08/01/hae-was-heisst-denn-privilegien/

135 https://twitter.com/FINALLEVEL/status/1495053232644763648

136 McIntosh 2020, S. 36

137 Ebd., S. 35

138 Ebd., S. 55

139 Ebd., S. 56

140 Lawrence Blum, *I'm Not a Racist, But... The Moral Quandary of Race*, Ithaca/London: Cornell University Press, 2002, S. 72–77

141 Ebd., S. 75

142 Ebd., S. 71

143 McIntosh 2020, S. 58

144 Kendall 2013, S. 98

145 Franziska Meißner, »Fola Dada singt in Korntal-Münchingen. ›Die Kindheit in Korntal war toll‹«, Interview mit Fola Dada in der *Stuttgarter Zeitung*, 22.11.2016, online abgerufen auf: https://www.stuttgarter-zeitung.de/inhalt.fola-dada-singt-in-korntal-muenchingen-die-kindheit-in-korntal-war-toll.be7f45b2-3c87-4005-a1ff-b194b4f75f1a.html

146 Vgl. Mohamed Amjahid, *Der weiße Fleck: Eine Anleitung zu antirassistischem Denken*, München: Piper, 2021, S. 11: »Weißsein ist weiterhin eine analytische Kategorie und keine Selbstbezeichnung von Weißen.«

147 McIntosh 2020, S. 86

148 Benedict Neff, »Sergei Gerasimow: ›Ich habe Angst vor Atombomben und chemischen Waffen. Ich habe immer Angst, wenn ich jemanden anrufe und am anderen Ende niemand den Hörer abnimmt‹«, Interview mit Gerasimov in: *Neue Zürcher Zeitung*, 29.4.2022, online abgerufen auf: https://www.nzz.ch/feuilleton/sergei-gerasimow-ich-habe-angst-vor-atombomben-ld.1681251

149 McIntosh 2020, S. 152

150 Ebd.

151 Jung 2021

152 Siehe Anna Machin, *Why We Love. The New Science Behind Our Closest Relationships*, London: Weidenfeld & Nicolson, 2022, S. 7–25

153 Abel Chikanda/Julie Susanne Morris, »Assessing the integration outcomes of African immigrants in the United States«, in: *African Geographical Review*, Volume 40, Issue 1, 2020, S. 1–18
154 Eva Illouz, *Gefühle in Zeiten des Kapitalismus*, Berlin: Suhrkamp, 2013, Book, n. p.
155 McIntosh 2020, S. 68
156 Ebd., S. 70
157 Peter Laudenbach, »Gleiches Recht für alle? Ungerechtes Recht«, keine Datumsangabe, 2022, in: *brand eins*, online abgerufen auf: https://www.brandeins.de/magazine/brand-eins-thema/wirtschaftskanzleien-2022/ungerechtes-recht-ronen-steinke?utm_source=pocket-newtab-global-de-DE&utm_source=pocket-newtab-global-de-DE
158 https://twitter.com/MarcoBuschmann/status/1517829936802934785

Bildnachweis

S. 139 Jörg Scheller: © Annick Ramp, NZZ

> »Die Zahl von politisch motivierten Straftaten ist so hoch wie seit 20 Jahren nicht mehr, und deshalb kommt dieses Buch genau zur rechten Zeit.«
>
> Deutschlandfunk Kultur

Die Wellen des Hasses brechen

Auch in Deutschland erleben wir in sozialen Medien zunehmend Verleumdungen, Beleidigungen, Einschüchterungen und Hass, die im »realen Leben« zu körperlicher Gewalt gegen Menschen führen, die sich für unsere Gesellschaft einsetzen. Doch wenn diese Angriffe von Engagement abschrecken, werden sie zu einer Gefahr für unsere Demokratie, die auf Teilhabe beruht.

Sabine Leutheusser-Schnarrenberger, Gunna Wendt
Unsere gefährdete Demokratie
Wie wir mit Hass und Hetze gegen Politiker und Journalisten umgehen
248 Seiten
Klappenbroschur
€ 20,- [D]
ISBN 978-3-7776-3013-7
E-Book: epub. € 17,90 [D]
ISBN 978-3-7776-3072-4

www.hirzel.de

HIRZEL

S. Hirzel Verlag · Birkenwaldstr. 44 · 70191 Stuttgart · T. 0711 2582 341 · Fax 0711 2582 390 · service@hirzel.

> »In unserer Gesellschaft, die nach Selbstoptimierung und beruflichem Erfolg strebt, haben Wut und ihre Ausgeburt, die Aggression, eigentlich keinen Platz. Und doch sind sie überall.«
> Johanna Kuroczik

ie explosive Gefühlslage gilt als primitiv, öse. Gut und angesagt sind Gelassenheit, oga und ein buddhistisch inspiriertes n-sich-Ruhen. Wer wütend wird, hat ch nicht im Griff, verliert die Kontrolle, fährt aus der Haut«. Johanna Kuroczik eht sich in ihrem Buch die Sache mit er Wut genauer an. Was ist gut an Wut, n diesem Feuerball im Inneren, der eben uch ein Motor für Veränderungen sein ann? Was sagt die Neurowissenschaft zu em kraftvollen Gefühl, und wie kann es elingen, damit positiv umzugehen und es onstruktiv zu nutzen?

Johanna Kuroczik
Wut!
Mut zum Zorn
128 Seiten, 8 Abb.
Klappenbroschur
€ 15,- [D]
ISBN: 978-3-7776-3046-5
E-Book: epub. € 13,90 [D]
ISBN 978-3-7776-2967-4

www.hirzel.de

HIRZEL